未来の教育を創る教職教養指針 **9**
山﨑 準二・高野 和子【編集代表】

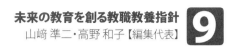

特 別 活 動

矢野 博之【編著】

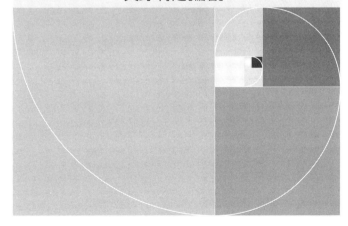

学文社

執筆者

矢野　博之	大妻女子大学	[第1章・第10章]
林　　尚示	東京学芸大学	[第2章]
工藤　亘	玉川大学	[第3章]
西島　央	青山学院大学	[第4章]
住野　好久	中国学園大学	[第5章]
小峰　直史	専修大学	[第6章]
坂田　哲人	大妻女子大学	[第7章]
走井　洋一	東京家政大学	[第8章]
山田　真紀	椙山女学園大学	[第9章]

〈執筆順〉

シリーズ刊行にあたって

　21 世紀の現在，国内外ともに，就学前教育から高等教育まで，また学校教育のみならず家庭や地域における教育までも巻き込んで，教育界はさまざまな「改革」が急速に進められてきている。教師教育（教師の養成・採用・研修）全般にわたる「改革」もまた，初等・中等教育の学習指導要領改訂に連動した教師教育の内容・方法・評価の「改革」として，また教師教育を担う大学・大学院の制度的組織的「改革」をも伴いつつ，急速に進められてきている。

　とりわけ近年，「実践的指導力の育成」というスローガンの下で，ともすると養成教育の内容と方法は，実務的・現場体験的なものに傾斜し，教職課程認定における行政指導も次第に細部にわたって強まってきている。さらに，「教員育成指標」「教職課程コアカリキュラム」の策定が行政主導で急速に進行しているが，教師教育の営みを画一化・閉鎖化しかねないと強い危惧の念を抱かざるを得ない。

　そのような教育全般および教師教育の「改革」状況のなかで，今回の新シリーズ「未来の教育を創る教職教養指針」を，主に大学等での養成教育における教職関連科目のテキストとして企画・刊行することにした。そして，以下のような 2 点をとくに意識し，現職教師の自主的主体的な研究活動も視野に入れて，本シリーズを，各巻編者も含めた私たちからの，教師教育カリキュラムの 1 つの提案としていきたい。

　①教育学や心理学という学問内容の体系性ではなく，あくまで教師教育という営みにおけるカリキュラムの体系性を提起することを直接的な目的としているが，過度に実践的実務的な内容とするのではなく，教師自身が教育という現象や実践を把握し，判断し，改善していくために必要不可欠とな

るであろう，教育学・心理学などがこれまでに蓄積してきた実践的・理論的研究成果（原理・原則・価値，理論・概念・知識など）を提起すること。

　同時に，即戦力育成を目的とした実務能力訓練としての「教員育成」ではなく，教育専門職者としての発達と力量形成を生涯にわたって遂げていくための教師教育を志向し，そのために必要不可欠な基盤づくりとしての養成教育カリキュラムの１つのあり方を提案するものでもあること。

②現在，教職課程認定行政のなかで「教職課程コアカリキュラム」が示され，すでにその枠組みの下で再課程認定が進められてきている。本シリーズは，本来，上記「コアカリ」という枠組みに対応するべく企画・編集されたものではないが，扱う内容領域としては，上記「コアカリ」の内容にも十分に対応し，さらにはそれを越える必要な学習を修めることができるものを構築すること。

　ただし，「教職課程コアカリキュラム」との関係については，本シリーズの各巻・各章を"素材"として各授業担当者の判断・構想によるべきものであるので「対応表」的なものを示してはいない。なぜなら，「コアカリ」の〇〇番目に該当する□□章△△節を扱ったから同項目内容の学習は済んだという思考に陥ったとき，教師教育の担当者は自らの教師教育実践を研究的に省察の対象とすることを放棄してしまうことになるのではないか。さらには，そのような教師教育からは社会の変化が求めている自主的主体的な研究活動に立脚した"学び続ける"教師は育ちえず，たとえ育っているようにみえてもそこでの教育実践研究は既存の枠組みのなかでのテクニカルなものに限定されがちになってしまうではないかと代表編者は考えているからである。

　最後に，本シリーズ名とした「未来の教育を創る教職教養指針」のうちの「教職教養指針」という用語について，説明しておきたい。同用語は，19世紀プロイセン・ドイツにおいて最初に教師養成所（Lehrerseminar）を創設し，自らその校長として教師教育の発展に尽力するとともに，以後の教育学・教科教育学および教師教育学などの理論的構築にも寄与したディースターヴェーク（Diesterweg, F. A. W., 1790-1866）の主著『ドイツの教師に寄せる教職教養指針

(Wegweiser zur Bildung für Deutsche Lehrer)』（初版 1835 年）から採ったもので
ある。正確に述べておくならば，今日的な直訳は「ドイツの教師に寄せる陶冶
のための指針」であるが，日本におけるディースターヴェーク研究・西洋教育
史研究の泰斗・長尾十三二博士による訳語「教職教養指針」を使わせていただ
いた。ディースターヴェークの同上主著は，その後彼が没するまでに 4 版が刊
行され，次第に質量ともに充実したものとなっていったが，当時の教育学や心
理学，教科教育学やその基盤を成す人文社会科学・自然科学・芸術など各学問
分野の第一級の研究者を結集して創り上げていった「ドイツの教師（それは，
近代的専門職としての確立を意味する呼称である Lehrer ＝教師：現職教師および教
師志望学生たちも含める）」に寄せる「教職教養指針」なのである。同書では
「教師に関する授業のための諸規則」も詳述されているが，その最後の箇所で，
それらの諸規則を真に認識するためには行為（実践）が必要であること，「最
も正しい根本諸原理を自分の頭で考えて理解し応用すること」によってはじめ
て状況に対応した教育的な機転・判断能力が育成されるのだと強調されている。
本テキスト・シリーズも，そういう性格・位置づけのものとして受け止め，活
用していただきたいと願っている。

　本シリーズがディースターヴェークの同上主著と同等のものであるというの
はあまりに口幅ったい物言いであるといえようが，しかし少なくとも本シリー
ズ企画への思いは彼の同上主著への思いと同様である／ありたい。そういう意
味では本シリーズは「現代日本の教師（研究を基盤にすえた高度な専門職をめざ
し日々研鑽と修養に励む現職教師および教師志望学生たち）に寄せる教職教養指
針」である／ありたいのである。

　本シリーズが，大学のみならず教育実践現場や教育行政において教師教育と
いう営みに携わる教育関係者，教職課程を履修する学生，さらには教育という
営為・現象に関心を寄せる多くの方々にも，広く読まれ，活用され，そして議
論の素材とされることを願っている。

2018 年 10 月

シリーズ編集代表　山﨑　準二・髙野　和子

目　　次

第1章

「特別活動」を問い直す

　「特別活動」とは，「学習指導要領」に示される教育課程のなかの一領域である。具体的に言い換えると，学校教育の，なかでも初等教育（小学校）や中等教育（中学校や高等学校等）において，主に〈教科外活動〉として位置づけられる領域のことである。

　この「特別活動」が，日本社会の学校教育において何を成しているものなのかを考えてみよう。あまりにも自然な，ある意味 "代わり映えのない学校生活" の一面と受け止めてしまうその一方で，反面，なぜそれらが設けられているのか，何が求められているのか，本書を読むにあたってまずこれらの問いから始めてほしい。そしてさらに，その活動にたずさわり，活動を構成するよう求められる教師や指導者にとって，本来「特別活動」をいかに現実・具体の "教育" 実践として考えておくべきか，実現していくのかを問い直していこう。

1 「特別活動」を問い直していく

（1）特別活動のイメージと実体

　2019（令和元）年の時点で，日本社会では，小・中学校の義務教育段階に限らず，高等学校への進学率も 98.8%（通信制課程進学者を除いても 95.8%）を超える。私たちにとって "学校" への通学や進学は，もはや当然のことと位置づいている。

　それほどまでに自明の存在である学校について，学校生活のその時その場を過ごした児童・生徒たち 10 代の若者は，〈イベント〉として学校の意味を捉え返している。ここでいう〈イベント〉とは，いわゆる現代社会で日常用語として語られる "イベント" を描けばよい。訳語の "行事" とは，宗教色や伝統性

が脱色されたというニュアンスにおいて異なる。催し物，集客する企画といった"軽さ"を伴う現代社会用語の"イベント"である。企業やシンクタンクのさまざまな「学校生活についての思い出」にまつわる調査結果をみても[1]，それらの上位には，「部活動」「修学旅行」「文化祭」や「級友と過ごした時間」などのイベントがいずれも上位にあげられる。HR（ホームルーム）や学級会などクラスの出来事，級友と団結した活動の思い出，季節を彩るさまざまな行事，授業以外の学校生活での諸々の活動である。

　これらイベントとみなされてきた活動のほとんどは，まさしく，学校で行われる教育の一環である。それは，教える側の意図的な働きかけ，仕掛けとして実施される活動であり，「特別活動」と称する学校教育の一領域なのである。

　ならば，これらを教育や学習という観点から見直してみてほしい。目的に照らした成否や取り組み方の妥当性，また実施・運営の手立てとそれに伴う専門性，さらに大きな文脈から学校教育的な目的や意義について，特別活動の本質はどのようにあるのかという問いに答えられるだろうか。学校教育の一部として，どのように特別活動が行われ，そこにどのような教育的価値が体現され，ひいてはこの社会を構成する私たちの"血"となり"肉"となってきているのか。はたして，学校教育のなかに自明のものと収まりつづける正当性と，それを実現していくための教授論等の教育的手続きについて，学術的検討や専門性の開発は十分に果たされてきたのだろうか。「特別活動」本来の教育活動としての構成や展開，運営や取り組み方について，本質的な再考が必要だと気づかされるにちがいない。

（2）教育課程のなかの「特別活動」

　学校でくりひろげられる活動は基本的に，教育という目的的な活動である。年間を通じて年がら年中，登校時から下校時まで児童・生徒はその間，「休み時間」を除き，教育課程下に位置づく各活動に従事する。そもそも〈学校〉とは，教育的活動が行われる場や空間なのである。社会機能的にみれば"社会的な装置"であるともみることができる。それは，国や社会が描く望ましい人間

図1.1　教育課程の構成

形成の理念や計画を，意図的・構造的に実施・運営するべく設置した仕組みだからである。つまり，学校とは，そこに通う児童や生徒を，集団生活のなかで，社会が定めた目的に向かって就業させていく“教育的活動”の場なのである。そしてその設計図であり枠組みが「教育課程」である。

　この教育課程は，文部科学省（以下，文科省）が示す「学習指導要領」を基準として，各学校単位でその実情や地域の実態に照らして学校長・教員によってつくられる。その内実を構成する領域として，小学校・中学校・高等学校・特別支援学校ともに，各教科の学習，小・中では特別の教科道徳，総合的な学習の時間（高校は「総合的な探究の時間」），小学校では外国語活動，特別支援学校では自立活動，そしてどの校種にも共通する，この「特別活動」から構成される（図1.1）。

（3）「特別活動」の概要

　では，「特別活動」とは何をもって編成されるのだろうか。その活動は，どのような場面・活動内容として区分けされるのだろうか。小学校・中学校・高等学校での特別活動の連なりから確認しよう。

　図1.2に，小学校・中学校・高等学校と学校段階を追って行われる「特別活動の内容区分」を示した。大きく3つの活動―①「学級・HR活動」②「児童会・生徒会活動」③「学校行事」に分けられる。また，小学校にのみ④「クラ

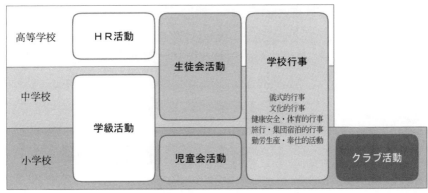

図1.2　学校段階別の「特別活動」の内容区分の構成

ブ活動」がおかれる（「部活動」とは異なることに留意したい）。

　いずれの活動内容も，学校種間のちがいとしては，相互に内容知識や専門学問の上位下位変換ではなく，各学校段階に応じた活動内容から成るものである。

　特別活動は，「構成の異なる集団を通して行われる」と示されることから，活動単位のサイズに注目してみてみよう。「学級活動」（小・中）「HR 活動」（高校）は〈各クラス・学級単位〉で行われる。日常的に学習活動に取り組む学級集団について，そのあり様や規範，そこで共有すべき課題の追究と意思決定を実践的に学ぶ場となる。「児童会活動」（小）「生徒会活動」（中・高）は，学級単位から〈学年単位〉，さらには〈全校〉へとつながり広がっていく。そこでは児童・生徒による学校生活上の規範の提示・確認や各種行事などの運営を，クラス・学級単位から学年，そして全校の児童・生徒へと広げる。そして「学校行事」には言わずもがな，〈全校〉で行う儀式的行事や学年と学校全体をもつなぐ運動会や文化祭などの，まさしく "イベント" 的な行事，主に学年で動く宿泊学習や校外学習活動がある。

　さらに，小学校で行われる「クラブ活動」もまた，学級・学年単位よりは，学年間・全校活動を渡らせやすくする活動領域となる。かつては，中学校・高校にもあったが，1998 年版学習指導要領以降は削除となった。このクラブ活動と混同されたり対置されたりするのが，日本の学校社会に特徴的にみられる

4

「部活動」である。かつてこれらは別物であることから前者を"課内"クラブ，後者を課外活動と呼び分けていた。すわなち，教育課程"外"にあるのが部活動である。これが，部活指導について，〈顧問〉は正規に担当してはいるが，基本的には生徒の自主的・任意の活動を本分としており，教員の職務上も任意かつ善意の取り組みであること，にもかかわらずその負担超過部分が問題としてクローズアップされてきた根源である（2010年代半ば以降の"ブラック部活動"論議）。

こうした各サイズの集団によってそれぞれの活動が展開されるのは，ほかの領域に比して大きな特徴である。そうすると，各サイズの集団での取り組みとそれらを連動させる指導や活動促進の手立ては重要となる（第5章参照）。

（4）「特別活動」を設ける意義

では，「特別活動」に何を託すのだろうか。「特別活動」について文科省は，次のように総括する。「学級活動，生徒会活動・児童会活動，クラブ活動，学校行事から構成され，それぞれ構成の異なる集団での活動を通して，児童生徒が学校生活を送る上での基盤となる力や社会で生きて働く力を育む活動として機能してきた。協働性や異質なものを認め合う土壌を育むなど，生活集団，学習集団として機能するための基盤となるとともに，集団への所属感，連帯感を育み，それが学級文化，学校文化の醸成へとつながり，各学校の特色ある教育活動の展開を可能としている」（中学校学習指導要領解説 特別活動編：5-6頁，下線部は筆者）。大義と概要は理解できるだろう。特別活動でめざされるのは，現状として児童・生徒が暮らしている生活の母体となる社会への参画のための資質や能力であり，共有すべき文化である。さらに，卒業後の未来の社会や将来のキャリアの母体となる社会への参画の糧となる活動なのである。

しかしその一方で，学校というところ自体，その役割や機能もゆるやかに変えてきていることに人はなかなか気づけない。この先，たとえば〈学校 ver.3.0〉（文部科学省　2018）では，個々人と学びの位置関係・あり方から問い直されていくと見込まれる。教科や領域の構成も例外ではない。未来社会から顧みれば，

私たちが当然としてきた学校生活，各教科や学習活動の意味や姿かたちまでもが，いつまでも不変とは限らないことに気づくだろう。言語・数学・科学・社会系教科といった各教科は，長らく不動のオーダーのように並んできたが，永続普遍でも絶対固定的でもない。そもそも現代でも“ところ変われば”（国家社会によっては）教科編成は異なる。日本で当たり前とされる〈学校で習う事柄〉も，他国からみると奇異や余剰に映ることもある。第9章でも論じるように，特別活動は，日本の学校の特徴や個性としてことさらに取り上げられる。当たり前のように読み書き算（あるいは，3Rs：Reading, wRiting, aRithmetic）が主要な学力的リテラシーとして，多くの国や社会の学校教育の定番に数えられる一方で，この国では，芸術やスポーツはもとより，行事や文化的な催し物，生活慣習を支える活動など，教科の学習以外の活動が，これほど多種多様に児童・生徒全員が共通して取り組む。こうした教育課程のあり方が，実は珍しい。

　そもそも，なぜこうした，教科の学習内容以外の事象や価値を扱うのだろうか。どのような原理で成立するのだろうか。教育についての二大原理に〈陶冶〉と〈訓育〉がある。〈陶冶〉とは，知識・技能の習得を図る機能であり，これは主に教科の学習として科学・文化・芸術などの探究活動を通じて行われる。他方，〈訓育〉は，社会性・道徳性などの形成を図る機能であり，主に教科外における児童・生徒の自治的集団的な活動を通して行われる。もちろん，それらは厳密に排他的なわけではなく，相互に関連し補完しながら発揮していくものである。とりわけ日本の学校教育は，長らくこの〈訓育〉と〈陶冶〉のバランスを重視した全人教育的方向性でもって成熟してきた。それが日本的とさえ称される「特別活動」の第一に確認すべき特徴であり，内実である。

2 「特別活動」の変遷―不易流行，加わったもの・消えたもの
（1）教育史的にみた“特別活動”の系譜

　人類にとって学校教育の歴史のなかで，特別活動に該当する教科以外の各活動は，どのように成り立ってきたのだろうか。そこには，人間と社会，教育機関＝学校と社会との関係があぶり出される。ときに教科を超える数々の活動の

教育機関での扱われ方を史的にたどってみよう。

　歴史上，学校・学び舎など，教育を目的とした集団の原点・ルーツはたどり切れないが，古来，そこで取り扱われる内容は，「教科」「科目」という構造化された知識や技術としてだけではなかった。各時代・各社会で学習者に教育的効果があると考えられた文化的・芸術的・身体（技法）的・社会性のトレーニングを担う活動が多種多様にみられた。たとえば古代西洋ギリシアでは，公開演説や弁論術（レトリック），学生自治が，また中世ヨーロッパでは社交・自治の場としてのナティオや出版活動，またクリケットやボートといった運動競技が，小社会のなかで若者を育てる効能を見いだされ託された。

　近世になると，18世紀後半〜19世紀に，生活を教育論的に捉え返す視線が芽生える。「生活が陶冶する：Das Leben bildet.」，生活そのものがもつ教育的効能を再認識し重視した教育運動の流れがペスタロッチ（Pestalozzi, J.H.）の教育実践からみてとれる。作物の栽培，動物の飼育，織作業などそれらは，生活活動≒生産活動だった時代の日常生活の断片であり，生きていく生業そのものでもあった。そこにヒトの成長にとっての糧を見いだし直したこの教育実践の系譜は，その後20世紀初頭の「新教育運動」の世界的広がりへとつながる。

　いっぽう，学校教育も近代化し，制度的な成熟のなかで教育課程のなかに各種の教科外活動が位置づけられていく流れができてくる。近代20世紀初頭アメリカで，急速に普及しつつあったハイ・スクールにおいて，各種スポーツや出版・芸術活動，討論やHRなどの一連のクラブ活動が盛んになる。また，市民意識の成長は，集団の自覚を促した。学校市（School City），共和国（Junior Republic），市民集会（town meeting），学校集会（school meeting）などの学生自身による自治活動も盛んとなる。こうして，1910年代中頃，学校教育の領域としての「課外活動」（extra-curricular activities）という捉え方が誕生していった。その後，教育課程化へとつながり，20世紀以降，学校は教科学習だけでなく，これらの教科外活動を取り込むことになる（日本特別活動学会，2000・2010）。

（2）日本の学校における「特別活動」の系譜

　では，日本社会は教科外活動を学校教育にどのように位置づけていったのだろうか。明治期にヨーロッパから近代学校制度を取り入れた日本社会では，昭和初期の第二次世界大戦〜太平洋戦争を境に，教育の制度も内実も一新する。1947（昭和22）年に再出発する戦後新教育のなかで，「特別活動」は表1.1のように展開していった。

　大きな流れとして第一に確認すべきは，現存の小中高を通じての共通名称の「特別活動」は，1977・1978（昭和52・53）年版の学習指導要領体制が起点になる。それまでは教科との位置関係で，「自由研究」に始まる生徒の自主的発展的な活動の系譜と，あくまでも運営や実施は学校側に主導権のあった「学校行事」が統合する流れとみなすことができる。ただし，そこに，自主性と指導性の双方を混在させてしまう課題が残りつづけていくことに留意しておきたい。

　第二に，小中高共通の「特別活動」体制の確立を境に，各活動に内包させる要件として〈自治〉は脈々と維持されているが，表面的には名称に「自治」を冠する活動は消えていく。また，そのころから〈奉仕〉やボランティアの活動が取り込まれていくという概要もみてとれる。

　第三に，「学校行事」の存在と意味の大きさである。以前より学校運営上に位置した学校行事は，1958（昭和33）年版で教育活動の一環として意味づけられ，教育課程上独自の領域「学校行事」となった（教科・科目，小・中では道徳，特別教育活動，学校行事）。教育関係法の整備のなかで，「学校が計画し実施する教育活動」として前身である「特別教育活動」とは別に設けられた（その後，さらに「特別活動」のなかに統合されるのは1968（昭和43）年版からである）。学校による計画・実施から，児童・生徒の行事への積極的参加・集団への所属感を深める旨の目標が学習指導要領にも明記された。

　なぜ学校生活に，「学校行事」が重視され設置されるのか，第4章で筆者がいう。児童・生徒が自分の身をおく社会・地域のなかで「統一性・連続性のなかにいると感じたり，自分が何者であるかを認識できたり」する，すなわち学習者自身の来歴を知り，社会的アイデンティティを形成する土壌となる。

表1.1　戦後新教育のなかでの「特別活動」の推移

1947 年 （昭和 22）	[小中高] 選択教科目「自由研究」が教科課程に位置づけられる：教科等の発展的な学習，同好の者の集まり，クラス当番や学級委員業務，が含まれた
1949 年 （昭和 24）	[中] 自由研究に代わり「特別教育活動」へ：HR，生徒会活動の登場
1951 年 （昭和 26）	[小] 自由研究廃止⇒「教科以外の活動」：指導性の色濃く「クラブ活動」初登場
1958 年 （昭和 33）	[小中]「特別教育活動」＋「学校行事等」へ：教師の適切な指導，国旗掲揚・君が代斉唱
1968・69 年 （昭和 43・44）	[小中] 特別教育活動と学校行事等が統合され「特別活動」に，[高] は「各教科以外の教育活動」に：学級指導の新設　必修クラブ
1977・78 年 （昭和 52・53）	[高]「特別活動」　これ以降，小中高統一の「特別活動」に：小中に勤労・生産的行事「奉仕の精神」「社会奉仕」
1989 年 （平成元）	学級会活動＋学級指導＝「学級活動」新設　クラブ活動は部活代替へ：勤労・生産的行事から勤労生産・奉仕的行事へ，集団への所属感と体験的活動
1998 年 （平成 10）	[中高] クラブ活動の廃止，学級・ＨＲ／生徒会／学校行事の３領域に：ボランティア活動の付加
2008 年 （平成 20）	目標に「人間関係」が追記　各内容に目標も示される：各教科との指導の関連，言語活動の充実
2017 年 （平成 29）	「人間関係形成」「社会参画」「自己実現」の３視点の資質・能力：学びのプロセスの記録（ポートフォリオ）の活用，総合の時間で学校行事の換算可能

　ただし，学校行事を尊ぶからと，当たり前だと捉えるにとどまらないでほしい。そもそも〈遠足〉は軍事教練の進軍の練習として，〈運動会〉は身体的教練の成果披露の場として，初代文部大臣・森有礼（1847-1889）が，明治新政下で，西欧列強に対抗する国策として，近代国家の礎に学校教育をおこうとした構想が発端である。そのイベント的特性に潜み隠れているが，遠足や運動会のそもそもの存在意義から考えてみるとよい。時代や社会の変化に応じて，「特別活動」として取り込まれ扱われる活動も変わるということである。それは各時代に社会からの要求として日本の若者・子どもたちの人格形成を目的として盛り込まれた文化や社会的価値の挿入なのである。

表 1.2 「特別活動」に該当する領域の名称の変遷

改訂年	小学校	中学校	高等学校
1947（昭和 22）	自由研究	自由研究 （選択科目の一部）	自由研究
1949（昭和 24）		特別教育活動 （教科の一部分）	
1951（昭和 26）	教科以外の活動	特別教育活動 （教科の一部分）	特別教育活動
1956（昭和 31）			特別教育活動
1958（昭和 33） 1960（昭和 35）	特別教育活動	特別教育活動 （教科とは別）	特別教育活動
1968（昭和 43） 1969（昭和 44） 1970（昭和 45）	特別活動	特別活動	各教科以外の教育活動
1977（昭和 52） 1978（昭和 53）	特別活動	特別活動	特別活動
1989（平成元）	特別活動	特別活動	特別活動
1998（平成 10）	特別活動	特別活動	特別活動
2008（平成 20）	特別活動	特別活動	特別活動
2017（平成 29）	特別活動	特別活動	特別活動

出所：高橋ら（2010）pp.30-35 より，変遷図をもとに著者作成

　考えるべきは，今ある活動は，無言のまま「やるべきことがら」「やること
になっていることがら」であることへの自覚である。自明の理という思いこみ
にとどまらず，その活動に取り組むことはいかなる現代社会における価値や意
義をもちうるのか，その目的を達するために，学校，教師，クラス担任，授業
者のそれぞれには，どのような専門的知見や専門的技量が必要となってくるか
を考える必要がある。

3 令和時代の「特別活動」のアウトライン
（1）令和時代の「特別活動」の新たな目標
現代の「特別活動」について，学習者に対しどのように取り組むことを求め

ているのだろうか。あらためて，何を目標とした教育活動であるのか，令和の学校教育を司る 2017・2018 年版の一連の「学習指導要領」を手がかりに紐解こう。「学習指導要領」「目標」は，小学校・中学校・高等学校（小中は 2017 年告示／高は 2018 年）とそれぞれ同様に，次のように記される。

目　標

　集団や社会の形成者としての見方・考え方を働かせ，様々な集団活動に自主的，実践的に取り組み，互いのよさや可能性を発揮しながら集団や自己の生活上の課題を解決することを通して，次のとおり資質・能力を育成することを目指す。

(1)　多様な他者と協働する様々な集団活動の意義や活動を行う上で必要となることについて理解し，行動の仕方を身に付けるようにする。

(2)　集団や自己の生活，人間関係の課題を見いだし，解決するために話し合い，合意形成を図ったり，意思決定したりすることができるようにする。

(3)　自主的，実践的な集団活動を通して身に付けたことを生かして，集団や社会における生活及び人間関係をよりよく形成するとともに，人間としての生き方についての考えを深め，自己実現を図ろうとする態度を養う。

　第 1 行目にある「集団・社会の形成者」としての自己のあり方を体現していくことがめざされる。「集団や社会の形成者」としての「見方・考え方」を〈働かせ〉て，「自主的・実践的に取り組み」，「生活上の課題を解決する」。そのために「互いのよさや可能性を発揮」することが付随して求められる。児童・生徒の“よさ”や可能性が主体的に「発揮」されるようすとして，「課題を見いだし解決する」活動として表現されなくてはならない。その活動を“通して”，連なる (1) ～ (3) の 3 つの資質・能力を育てようというものである。その 1 つ目が，「集団生活の意義」や「活動上必要なこと」の理解と，「行動の

仕方」を身につけること，2つ目に「話し合いで合意形成や意思決定する」ことができるようになること，3つ目に「生活や人間関係をよりよく形成すること」と「自己実現を図ろうとする態度を育てていくこと」が，求められる活動である（第2章で評価論の見地からさらに詳しくみていく）。

「特別活動」として構成されるいずれの活動も，児童・生徒自身と級友を含めた〈私たち〉が，どのような活動をつくりあげ，実施して，そこに学びを生み出すのかが重要となる。いずれの活動も，学習者一個人内に閉じた学習ではない。"社会・集団的"活動なのである。

こうした目標の下，特別活動で育成すべき資質・能力の3つの視点が，「人間関係形成」「社会参画」「自己実現」である。それ以外にも，チーム学校として，学年のちがい，各教科等との往還的な関連，学校外の人材との組織的な対応などが提起されている。

（2）「特別活動」の「見方・考え方」

今回の改訂では，各教科・領域それぞれの指導を通してどのような資質・能力の育成をめざすのかを明確にすると同時に，児童・生徒がどのような学びの過程を経るのか，さらにその過程で各教科等の特質に応じた〈見方・考え方〉を働かせながら，教育活動の充実を図ることが示された。「特別活動」においてもこのような考え方に基づいて目標が示されている。これは，従来の特別活動の基本的な性格を転換するものではなく，教育課程の内外を含めた学校の教育活動全体における特別活動の役割を，より一層明確に示すものとされる。

図1.3に示された見方・考え方のモデル図も，4つの矢印は各小集団・社会のサイズや性質のちがいで示し分けられている。ただし，その集団のどのような性質に対して，どのようなアプローチが必要なのか，何を配慮し何を焦点化するのかなど，そこをどう指導し，支援していくのか，課題は残されている。

4 「特別活動」の内容と方法にまつわる課題

今回の学習指導要領改訂にあたって，従前の特別活動を総括し，課題として，

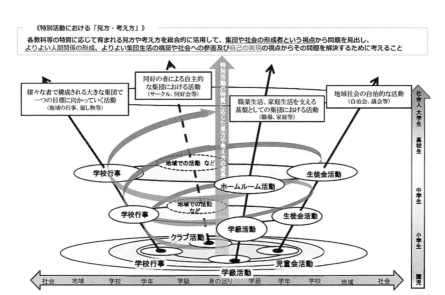

図 1.3　特別活動における各活動の整理と「見方・考え方」（イメージ）

出所：文部科学省（2016）https://www.mext.go.jp/b_menu/shingi/chukyo/chukyo3/066/siryo/_icsFiles/afieldfile/2016/07/19/1374372_2.pdf

「それぞれの内容や指導（活動）のプロセスについて構造的な整理が必ずしもなされておらず，各活動等の関係性や意義，役割の整理が十分でないまま実践が行われてきたという実態」（教育課程部会特別活動ワーキンググループ第 8 回議事録（平成 28 年 6 月 22 日）があったと指摘されている。日本特別活動学会では，中央教育審議会答申「幼稚園，小学校，中学校，高等学校及び特別支援学校の学習指導要領の改善及び必要な方策等について」（平成 28 年 12 月 21 日）において，特別活動に関する指導は，「本来，小・中・高等学校の全ての教員に求められる最も基本的な専門性の一つである」と認めているのに対し，その指導方法については「具体的なビジョンや指針の提示には及んでいない」ことを指摘し，問題性に言及している（日本特別活動学会）。

　平成 25 年度文科省「中学校学習指導要領実施状況調査」においては，約 3 〜 4 割の生徒が「自主的，自発的な活動」に関連する質問において，否定的な回答をしている。いまだ日本の学校教育においては，児童・生徒の自主性・自

発性涵養の取り組みについては，残念ながら，効果を発揮しているとも確実に成果を得ているとも言いがたい。

　たしかに目標については，従来の「望ましい集団活動を通して」から「様々な集団活動に自主的，実践的に取り組み，互いのよさや可能性を発揮しながら，集団や自己の生活上の課題を解決することを通して」と具体的な表現が加わった。また，育成すべき3つの視点「人間関係形成」「社会参画」「自己実現」については，主体と他者・集団という自己外との交渉や連動の目的と，自己内の成長・発達の目的とに大別される。ゆえに，ワーキンググループの取りまとめでは，「人間関係形成に必要な資質・能力は，集団の中において，課題の発見から実践，振り返りなど特別活動の<u>学習過程全体を通して</u>，個人対個人という<u>関係性の中で育まれるものと考えられる</u>」（下線は筆者），「社会参画のために必要な資質・能力は，集団の中において，個人が集団へ関与する中で育まれるものと考えられる」（下線は筆者）と整理されている。ただし，その実際の涵養の方法や手立てについて，方向性を示されているようでいて，その実不明確である。その過程や集団に身をおくと自ずと育つかのような錯覚すら覚える。いっぽう，自己内の課題となる「自己実現」については，「自己実現のために必要な資質・能力は，自己の理解を深め，自己のよさや可能性を生かす力，自己の在り方生き方を考え設計する力など，集団の中において，個々人が共通して当面する現在及び将来に関わる問題を考察する中で育まれるものと考えられる」と，その過程や集団に身をおき，〈（共通する）問題を考察する〉ことが例示され，より具体性が増す。要は，活動の過程や集団に身をおく手立て，そこでの学び方により一層焦点化する必要性がある。学校生活場面は誰がどう構成するのか，なぜその時機にそのような行事があるのか，なぜそのような儀式を行うのか，自主性・主体性が問われながらも，学習者にその参加の可否は選ぶ余地はない。さらには，そこに従事したことからの学びの抽出や焦点化，確認が明示的・系統的に行われるものでもない。多種多様な学校生活場面の行事という仕掛けに身をおくだけで，果たして，集団や社会の形成者は育つのだろうか。身をおくことが，体験することが，あたかも万能薬のように捉えられるべ

きではない。その活動をどう構成し，実地・体験していくのか，そこに教育の専門性の視線が加わらなければ，"習うより慣れろ"式の個人の経験と幸運に託されてしまうことは変わらない。

　こうした活動の過程やそこでの学びに対する1つの対策が，2017・2018年版学習指導要領には示された。それは，問題解決による学習過程（「問題の発見・確認」→「解決方法の話合い」→「解決方法の決定」→「決めたことの実践」→「振り返り」）を基本方針として示された。ただし，やはり解かねばならない論点が潜在したままである。この一連のプロセスについても，発見・確認，一連の活動の起点を誰が打つのか。誰が始動するのか。話し合い，そのための作法と集団の形成は，本末転倒してはいけない。話し合えば，話し合えるようになっていくものではない。さらに一連の，決定や実践，その展開はどのように企画し，遂行していくのか。

　変わりゆく社会のなかで，旧来の9教科構成の限界が見定められ，総合的な学習の時間の設置に代表されるような，変動する社会のなかでの学校教育のあり方が問われてきている。求めたい「生きる力」を，さまざまな資質・能力に分解して各教科の目標に落とし込んでいく試みがみられた。旧来の枠組みが通用しないときに，その曖昧さ・割り切れなさは，特別活動にまことしやかに押しつけられていく。「生きる力」も「居場所」も「いじめ対策」も「個性伸長」も，まるで特別活動に押しつけるかのごとく，読み替え読み解こうとする。

　「特別活動」の学修／指導のもう1つの方法原理は，いまなお「なすことによって学ぶ：Learning by Doing」ことに象徴される（2018年改訂「高等学校学習指導要領に関するQ&A〈特別活動に関すること〉」より）。しかし，そもそもある活動を立ち上げ動き始めること，すなわち，「なす」ことにどう学習主体はかかわり，どう立ち上げるのか。そこから考えねばならない。さらにそこには，行事や各種活動にみるそれぞれの方向性（活動内容が含意している集団的意義や価値）が前提となる限り，「なすことによって学ぶ」のではなく，「〈なせ〉と示されたことをやらされることから学べ」という図式に陥る危険性を大きく残したままである。実働・行動へ向けた初動の機動性や，継続して行っていく計

画性や実行性なくしては，教科外活動は教育的意味を失ってしまうだろう。ではどう動くのか。その動き方はどう学ぶのか。内容ありき，領域ありきの〈イベント〉が並べられた特別活動の学びは，「やってみる」しかないのだろうか。

　たとえば，全校児童・生徒をあげて取り組む・行うことが自明視された活動など本来は焦点化されていない。むしろ各クラス・教員の取り組みとして個別に行われ，その総和として，学校行事の場面でその実践化と成果が問われてはいないだろうか。

　自治的な活動をどう考えるのか（自治的活動論）。児童・生徒の自治については，その指導法，子どもの人権や主権問題と相まって，また，それを本質論的に考えるならば，意思決定・社会構築の問題にも相通ずる。その意味では，シチズンシップ・エデュケーションや，人権教育（ジェンダー教育やインクルーシブ教育にみる特別支援論），コミュニケーション論やリテラシー研究にもその視線は波及する必要がある（さらにはSDGsへ：第10章）。

　自治能力育成のため，何層かの集団活動のレベルで構成した，組織のつくり方として意見表明のための発言の指導，すなわち，コミュニケーションそのものが涵養されなければならない。長く言語活動の充実をと求められてきた，言語活用能力もさることながら，互いに主体として存在しあう他者との〈対話〉を基盤に，人間関係も，社会も組み直していくことが求められてきている。

　「特別活動」の名のもとに，時代時代の社会が求めてきた各種活動は，いかに学習者が主体的に参画し，そこで主体性を伸長していけるのか，その活動を成立させていくための教師・授業者にとっての指導・支援の哲学と枠組みの基盤を敷くことが先決であろう。

5　本書の内容構成と視点の提示

（1）第Ⅰ部・問題の所在と特別活動の評価論

　最後に，本書の構成とねらいを解説しておく。以下，本書は第Ⅰ部・第Ⅱ部の2部構成を取る。第Ⅰ部は，本書を「特別活動」論として読み進めていくための問題提起と，現状の確認を行う。第1章で，本質論としての特別活動を問

いただし，第2章で，〈評価〉という視点から「特別活動」の目標，ひいてはその教育的意義を確認する。

　この第1章では，問題提起として，学校教育における教育課程の編成を枠組みに，「特別活動」として位置づく諸活動の具体や構成について輪郭を描きながら，内在する問題として，活動の広範性と指導・支援への専門性追究の不備を指摘した。それに対する答えが第Ⅱ部の各章で解題されていく。

　第2章「教師は特別活動でのまなびをどう見取るか」では，教師の側から，「特別活動」の本質に迫る。従来，その指導上の留意点や教育方法論の議論は手薄いところである。筆者も指摘するように，特別活動は「専門領域の1つとして位置づけられているが，同時に内容に幅があり専門性が多岐にわたるため自信をもって指導しにくい教育活動となっている」。これを評価論から切り込むことで，特別活動の目標を確認すると同時に，その実施・運営の具体や活動に従事する児童・生徒の見取り方を検討する枠組みと手立ての探求にも行きつくことだろう。

　まずは，これら2つの章によって，「特別活動」の概況と方向性を捉えたい。それはまさに，「特別活動」の楽観的な自明視から離れ，その本質論と教育的意義を再検討していくための滑走路となるだろう。

（2）第Ⅱ部・特別活動の学びと支援を読み解く

　第Ⅱ部では，「特別活動」を実施運営する授業者・指導者は，いかにその活動をつくり上げていくのかを問うていく。ここでは，「体験」に学ぶ／を教える，「伝統・文化」に学ぶ／を教える，「異年齢集団」で学ぶ／を見取る，「話し合う・学び合う」集団を育てる，「企画すること・運営すること」を学ぶ／を教える，「キャリア」を学ぶ／を教える，「特別活動そのもの」を客観視する，ことを考えていく。いずれも，「特別活動」の各活動単体に特化し集約された視点ではない。むしろ，特別活動に従事していく学習者・指導者が，特別活動のどの活動においても考慮し，工夫を要して取り組む必要のある論点を各章で解題している。

第3章は，児童・生徒の体験活動を学びへと誘うための枠組みを論じる。「特別活動」においては，「なすことによって学ぶ：Learning by Doing」を基調とする方針が今もある。体験と経験を紐解きながら，体験活動・体験学習を促していくうえでの導く理論を押さえると同時に，それを支える理論を考えていこう。それは学習者の自律的学びと成長のためである。学習者自身の成長と，そのために教師が仕掛けるのは何なのか，果たす役割をこそ問い直したい。「なすことによって学ぶ」ためにはまず，「なすこと」を学習者自ら立ち上げていくことから育っていってもらわねばならないのだから。

　第4章では，「特別活動」の大きな内容構成の1つ「学校行事」の教育的価値を問う。「伝統・文化」にふれることで，なぜ自分が属する集団や集合体の「統一性・連続性の中にいると感じたり，自分が何者であるかを認識したりできるのだろうか」。すなわち，「伝統・文化」によって「社会的アイデンティティをどうやって形成しているのだろうか」。自己の成長にとって，私たちの所属する集団を育むうえで，自己にとっての「伝統・文化」，他者にとっての「伝統・文化」そして，自己から見た他者の「伝統・文化」，他者から見た「自己にとっての『伝統・文化』」，この4相を行き来できることを問いかけていく。

　第5章では，集団や社会の形成者としての学習者にとって属する集団や社会の性質そのものの条件設定に目を向けさせてくれる。それは，日本の学校が元来，同年齢集団である〈学級〉をベースとして機能していることへの問い直しである。

　現実社会に目を向けた場合，地域社会，同好の集まり，職業や家庭の基盤となる集団等，いずれにおいても，同年齢集団のほうが特殊である。もちろんそこを補う意味でも，学校教育においては，学級・クラスを超え，学年団や全校単位での行事や活動として特別活動が意図される。そこで学級の〈単純総和〉ではない目線として必要となるのは「発達」であろう。「発達」に着目しながら，相違を伴う異年齢集団としての活動をいかに捉えるべきかを問う。

　第6章で筆者が指摘するのは，集団を基盤とする学びの場における〈対話〉の重要性である。その〈対話〉を促す技術と哲学としての〈ファシリテーショ

ン〉のあり方を考えることができる。〈対話〉は，2017・2018 年版学習指導要領体制の方法論的枠組みとなる「主体的・対話的で深い学び」の一翼を担うものであるが，もとより，国際的な教育動向のなかで，あるいは世界的な教育哲学において，カギともなる重要概念である。その見据える先は，単なる学習形態や教授方法論としての会話や議論活動にとどまるものではない。〈対話〉を促す〈技術〉であり〈哲学〉である〈ファシリテーション〉は，特別活動のあらゆる場面で授業者に求められる素養となるだろう。

　第 7 章で筆者が指摘する視点は，「特別活動」のもつ時間的側面である。各教科の学習活動を統べる単元主義と本質的に同じことなのだろうか。特別活動の学びは，教科の学習に象徴される学習の内容や系統の並びとしての学びの括りとは重なりにくい。いっぽう，方法的原理として，問題解決や課題解決を軸とした探究活動のみに託すことはまた，特別活動はそぐわない。むしろ，参加主体として，学習者はその活動を〈企画〉しさらに〈運営〉していくことも学ぶ意義があるのではないだろうか。活動に対する主導権をいかに育てていくのか。日本の特別活動において最も求められるべき視点がここにある。

　第 8 章では，〈キャリア形成〉について学校教育のなかで扱うことを原論的に問い返す視点を示す。先取りするならば，キャリア教育のあり方も，普遍化・一般化されたものへの着地を安易にめざすのではなく，学習者個人の個別的で具体的な経験として積み上げていく〈自己の履歴〉を求めることの必要性を論じてくれる。それは，社会の変化に伴って，「自立」や「自己のあり方」も変容してきている今にこそ求められる，「特別活動」に向けての問い返しでもある。集団的活動であることにかこつけて，学習者個人への視線を見まちがってはならない。

　第 9 章では，日本の特別活動の特徴を知らせてくれる。特別活動の内容的な類型と，各活動のもつ機能を視点に，オーストラリアやフランスの学校内での諸活動を国際比較し，日本の特別活動を浮かび上がらせてくれる。そしてそれはまた，日本社会論にありがちな，"外から見た日本"を議論することのみならず，日本の独自性を相対化しながら発信していくまなざしの必要も論じてく

れる。

　最後に，第 10 章で，再度「特別活動」を学校教育で扱うことに対するこれからの課題をまとめて結ぶ。それは，第Ⅱ部を通して論じられた各解題を取り結ぶと同時に，第Ⅰ部で投げかけた問題設定に対する 1 つの応答を示すことになる。

　本書を通じて，「特別活動」への取り組みについての教職の専門性が際立ち，あるいは確かめられ，より充実した実践へと見通しを見いだしていくことを期待している。

注
1 ）たとえば，「中高時代に関する調査」（2014）マイナビウーマン，https://woman.mynavi.jp/article/141113-74/，「学校生活の思い出に関する生徒の意識調査」（2006）カンコー学生服，https://kanko-gakuseifuku.co.jp/media/homeroom/060530，「学生時代の思い出アンケート」（2008）オリコン，https://www.oricon.co.jp/news/54295/full/ など。

引用・参考文献
高橋哲夫・原口盛次・井上裕吉・今泉紀嘉・井田延夫・倉持博編（1992；2010）『特別活動研究 第三版』教育出版
田中智志・橋本美保監修・犬塚文雄編（2013）『特別活動論』（新・教職課程シリーズ）一藝社
中谷彪・臼井英治・大津尚志編（2008）『特別活動のフロンティア』晃洋書房
日本特別活動学会編（2000；2010）『キーワードで拓く新しい特別活動』東洋館出版社
林尚示編（2016）『特別活動—理論と方法』〈教師のための教育学シリーズ 9 〉学文社
林尚示編（2012；2015）『特別活動』〈教職シリーズ 5 〉培風館
原清治・檜垣公明編（2010）『深く考え，実践する特別活動の創造—自己理解と他者理解の深まりを通して〈第二版〉』学文社
文部科学省（2016）「次期学習指導要領に向けたこれまでの審議のまとめ（特別活動・総合的な学習の時間）」

第2章

教師は特別活動での学びをどう見取るか

　本章では，特別活動を通して，児童・生徒に何をどのように求めていくか。そのために必要な資質・能力（competency）とは何かを明らかにする。そのために大きく2つの内容を設定した。1つ目は，特別活動の教育学的意味づけ，2つ目は特別活動のカリキュラム・評価の考え方である。

　1つ目の，特別活動の教育学的意味づけには，特別活動で児童・生徒の姿とどう向き合うかという内容も含めることとした。教育学（pedagogy）とは教育という事象を扱う学問であり，特別活動も教育という事象に含まれる。しかしこれまで，教育という事象のなかでの特別活動の価値，つまり意味づけについては，十分には議論されてこなかった。そこで，本章では特別活動が実施される小学校第1学年から高等学校第3学年までの児童・生徒の姿とそれに指導者として向き合う教師の姿に着目して，特別活動の意味づけを明らかにしたい。

　また，特別活動のカリキュラム・評価の考え方については，小学校から高等学校までの生徒・児童が特別活動を経験する学習コースとして立てられた教育内容の系列，つまりカリキュラムについて，その学習コースを経験した児童・生徒が，学習の成果として，どれだけの価値があるかを見定める方法について提案していくこととする。この部分は，特別活動研究で活用されてきた一般的な表現をするならば特別活動の指導内容と評価方法に関するものである。

　そして，本章では，現在の教育課程改革の流れとの関連を意識して論を進めることを特徴としたい。そのため，中央教育審議会（以下，中教審）で検討されてきた特別活動改訂作業の基礎資料を活用していく。さらに，世界規模で検討されているコンピテンシー育成のなかでの特別活動の果たす役割についても検討する。

1 特別活動の教育的意味

（1）特別活動の教育的意味とは

　教育的意味とは教育に関係する意味であり，意味とは存在する価値である。そのため，ここでは，特別活動が教育と関係して存在する価値について検討してみよう。価値とは大切さや役立つ程度のことと考えると，特別活動がどうして大切か，どの程度役立つかという視点からの検討となる。

　『高等学校学習指導要領解説特別活動編』（文部科学省　2009）によると，21世紀をいわゆる「知識基盤社会」の時代としている。そのなかでOECD（経済協力開発機構）のPISA調査などから，日本の児童・生徒の課題として，「①思考力・判断力・表現力等を問う読解力や記述式問題，知識・技能を活用する問題に課題，②読解力で成績分布の分散が拡大しており，その背景には家庭での学習時間などの学習意欲，学習習慣・生活習慣に課題，③自分への自信の欠如や自らの将来への不安，体力の低下といった課題」（文部科学省　2009：1頁）をあげて説明している。

　この課題意識は，小学校や中学校の新学習指導要領にも引き継がれ，評価の観点として「知識及び技能」「思考力，判断力，表現力等」「学びに向かう力，人間性等」が従来にも増して重視されている。学習意欲，学習習慣などは「学びに向かう力」として表現される。自信の欠如，将来への不安については，人間の心理的性質としての「人間性」という言葉に引き継がれている。

　特別活動は先の課題のなかでは，③の課題への対応として価値をもつ。このことについては，学習指導要領特別活動の解説では「自分に自信がもてず，人間関係に不安を感じていたり，好ましい人間関係を築けず社会性の育成が不十分であったりする状況が見られたりすることから，それらにかかわる力を実践を通して高めるための体験活動や生活を改善する話合い活動，多様な異年齢の子どもたちからなる集団による活動を一層重視する」（文部科学省　2009：2頁）としている。

　現在の特別活動は，体験活動，話し合い活動，異年齢集団活動を特徴とすることで現代の学校教育の内容としての価値を有していることがわかる。ここで

は，特別活動で重視される体験活動，話合い活動，異年齢集団活動のそれぞれについて，詳しく検討することとする。

体験活動は，特別活動の内容のなかでは学校行事でとくにダイナミックに展開されている。自然体験活動については，学校行事のなかの旅行・集団宿泊的行事（小学校は遠足・集団宿泊的行事）で，遠足，移動教室，野外活動などとして実施されている。就業体験活動については，高等学校の学校行事のなかの勤労生産・奉仕的行事で，インターンシップなどとして実施されている。また，社会体験については，ボランティア活動などとして実施されている。

話合い活動は，特別活動の学級活動，ホームルーム活動や児童会活動，生徒会活動などでよりよい生活を築く活動のなかで実施されている。よりよい生活を築くためには，集団としての意見をまとめることが必要となるため，話し合い活動が行われるのである。特別活動の話合い活動は，民主的な手続きについての学習としての役割も担っている。そして，学級活動やホームルーム活動での話し合い活動の成果が，児童会活動や生徒会活動での総会や各種委員会での話し合い活動を充実させていくのである。

異年齢集団活動は，児童会活動や生徒会活動の内容として「異年齢集団による交流」として取り入れられている。児童会活動や生徒会活動では，異年齢集団活動として，各種の委員会活動，新入生を迎える会や卒業生を送る会，校内球技大会，各種のレクリエーションなどが行われる。異年齢集団活動は，教師の指導が適切なものであった場合，望ましい人間関係の形成，全生徒の所属感や連帯感の形成に寄与することができる。

このように，特別活動で重視される体験活動，話し合い活動，異年齢集団活動は，とくに「人間性」の育成につながる。この活動の過程で，「知識及び技能」「思考力，判断力，表現力等」などにも着目した指導がなされることが，各教科等と異なる特別活動の特徴であろう。体験活動の場面でも，話し合い活動の場面でも異年齢集団活動の場面でも児童・生徒は思考し，判断し，表現することが期待され，そのためには知識や技能は必要不可欠であるためである。

（2）特別活動とは

特別活動について，学校段階，目標，内容の切り口から全体像を把握してみよう。

まずは学校段階については，特定の学校で実施されている。学校教育法（1947 年法律第 26 号）の第 1 条に掲げられている教育施設の種類としては幼稚園，小学校，中学校，義務教育学校，高等学校，中等教育学校，特別支援学校，大学（短期大学および大学院を含む）および高等専門学校がある。このなかで，小学校，中学校，義務教育学校，高等学校，中等教育学校，特別支援学校で特別活動が実施される。小学校などの初等教育と，中学校，高等学校などの中等教育の教育課程のなかで実施されているためである。

国際連合教育科学文化機関（UNESCO）が策定している統計フレームワークである国際標準教育分類（International Standard Classification of Education：ISCED）に対応させると，特別活動は初等教育から後期中等教育までのレベル 1 - 3 で実施される，日本に特徴的な学習指導の領域である。

目標は小学校から高等学校までで次のように規定されている。小学校と中学校は 2020（令和 2）年度から順次実施されている学習指導要領から紹介する（文部科学省　2017）。

小学校及び中学校特別活動の目標

　集団や社会の形成者としての見方・考え方を働かせ，様々な集団活動に自主的，実践的に取り組み，互いのよさや可能性を発揮しながら集団や自己の生活上の課題を解決することを通して，次のとおり資質・能力を育成することを目指す。

（1）多様な他者と協働する様々な集団活動の意義や活動を行う上で必要となることについて理解し，行動の仕方を身に付けるようにする。

（2）集団や自己の生活，人間関係の課題を見いだし，解決するために話し合い，合意形成を図ったり，意思決定したりすることができるようにする。

（3）自主的，実践的な集団活動を通して身に付けたことを生かして，集団や社会における生活及び人間関係をよりよく形成するとともに，自己（中学校は「人間として」）の生き方についての考えを深め，自己実現を図ろうとする態度を養う。

（3）特別活動の目標

　小学校と中学校の特別活動の目標は，2017年版の学習指導要領に記載されている。先に示した小学校から中学校までの特別活動の目標から重複箇所を探ると表2.1のように示すことができる。

　比較をすると，次の3点の発見がある。1つ目は，小学校と中学校でほとんど共通であること。2つ目は，小学校で自己の生き方，中学校で人間としての

表2.1　小学校から中学校までの特別活動の目標

小中学校特別活動の目標 2017年版	中学校特別活動の目標 2008年版
集団や社会の形成者としての見方・考え方を働かせ，様々な集団活動に自主的，実践的に取り組み，互いのよさや可能性を発揮しながら集団や自己の生活上の課題を解決することを通して，次のとおり資質・能力を育成することを目指す。 （1）多様な他者と協働する様々な集団活動の意義や活動を行う上で必要となることについて理解し，行動の仕方を身に付けるようにする。 （2）集団や自己の生活，人間関係の課題を見いだし，解決するために話し合い，合意形成を図ったり，意思決定したりすることができるようにする。 （3）自主的，実践的な集団活動を通して身に付けたことを生かして，集団や社会における生活及び人間関係をよりよく形成するとともに，自己（人間として）の生き方についての考えを深め，自己実現を図ろうとする態度を養う。	望ましい集団活動を通して，心身の調和のとれた発達と個性の伸長を図り，集団や社会の一員としてよりよい生活や人間関係を築こうとする自主的，実践的な態度を育てるとともに，人間としての生き方についての自覚を深め，自己を生かす能力を養う。

注：（　）内は中学校，下線は小中学校と高等学校とて重複する用語
出所：筆者作成

生き方についての考えを深めさせることが目標となっていること。3つ目は2008年版の中学校と「集団活動」「集団」「生活」「人間関係」「自主的，実践的」「生き方」「自己」「養う」という用語が重複することである。

1つ目の小学校と中学校でほぼ共通であることについては，改訂のタイミングが一致していたためである。過去の改訂でも同時期の小中高等学校で目標はほぼ共通であった。改訂のタイミングが高等学校は1年後であるため，高等学校については現行の目標と比較しており，見かけ上の差は大きいようにみえる。

2つ目の小学校で自己の生き方，中学校で人間としての生き方としていることについては，過去の文科省の解説では中学校において責任能力を重視する説明がある。「自己」の生き方については，集団の一員として目標をもつこと，将来に夢や希望をもって現在の生活を改善しようとすること，協調性・責任感・規範意識を高めること，人権を尊重することなどが意図されている。そして「人間として」の生き方とは，自己の判断力や価値観によって主体的に物事を選択決定し，責任ある行動をとれるようにすることが意図されている。

3つ目の2008年版の中学校と「集団活動」「集団」「生活」「人間関係」「自主的，実践的」「生き方」「自己」という用語が重複することである。これは，特別活動が一貫して人間関係形成，集団生活への自主的・実践的な関与，自己実現の視点から指導されてきたことによる。このことは，今回の改訂の審議資料からも裏づけることができる。審議資料では，特別活動が育成をめざす資質・能力の視点として「人間関係形成」「社会参画」「自己実現」が示されている。集団生活への自主的・実践的な関与の部分が今回の改訂で「社会参画」とされたのである。

特別活動の目標は表2.1のとおりであり，集団や社会の形成者としての見方・考え方を確かなものにしていくことがめざされている。集団や社会の形成者としての具体的な社会人の姿として，職場，家庭，自治会，議会，サークル，同好会，地域の行事，催し物などの集団活動がある。職場，家庭，そのほかさまざまな集団活動への参加のトレーニングとして，特別活動は小学校から高等学校までのカリキュラムのなかで重要な役割を担っている。

（4）特別活動の内容

　特別活動の内容については，表2.2のように整理することができる。内容の特徴は次の4点である。1つ目に，学級活動では，高等学校の学業と進路が小中学校で「一人一人のキャリア形成と自己実現」となっていること。2つ目に，児童会活動・生徒会活動では高等学校の生徒の諸活動についての連絡調整が小中学校では項目立てられていないこと。3つ目に，クラブ活動はこれまでどおり小学校のみで実施されること。4つ目に，学校行事はこれまでどおり小学校で遠足・集団宿泊的行事，中学校では旅行・集団宿泊的行事となっていること

表2.2　小学校から中学校までの特別活動の内容

内　容	小学校 2017 年版	中学校 2017 年版
学級活動・ホームルーム活動	学級活動 （1）学級や学校における生活づくりへの参画 （2）日常の生活や学習への適応と自己の成長及び健康安全 （3）一人一人のキャリア形成と自己実現	学級活動 （1）学級や学校における生活づくりへの参画 （2）日常の生活や学習への適応と自己の成長及び健康安全 （3）一人一人のキャリア形成と自己実現
児童会活動・生徒会活動	児童会活動 （1）児童会の組織づくりと児童会活動の計画や運営 （2）異年齢集団による交流 （3）学校行事への協力	生徒会活動 （1）生徒会の組織づくりと生徒会活動の計画や運営 （2）学校行事への協力 （3）ボランティア活動などの社会参画
クラブ活動	クラブ活動 （1）クラブの組織づくりとクラブ活動の計画や運営 （2）クラブを楽しむ活動 （3）クラブの成果の発表	該当なし
学校行事	学校行事 （1）儀式的行事 （2）文化的行事 （3）健康安全・体育的行事 （4）遠足・集団宿泊的行事 （5）勤労生産・奉仕的行事	学校行事 （1）儀式的行事 （2）文化的行事 （3）健康安全・体育的行事 （4）旅行・集団宿泊的行事 （5）勤労生産・奉仕的行事

注：下線は小学校と大きく異なる部分
出所：筆者作成（2017）

である。

　1つ目の「一人一人のキャリア形成と自己実現」については，児童・生徒が将来に向けた自己の実現に関わるための内容が想定されている。具体的には，主体的な意思決定，キャリア教育，個別の進路相談などと関連した内容である。この背後には，中教審が2016年に出した「幼稚園，小学校，中学校，高等学校及び特別支援学校の学習指導要領等の改善及び必要な方策等について（答申）」がある。そこでは，理数科目などを中心として，日本が科学技術・学術研究の先進国であり続けることや，そのために，児童・生徒に対して卓越した研究や技術革新などの新たな価値の創造を担うキャリアに関心をもたせることが重視されている。

　2つ目の生徒の諸活動についての連絡調整が小学校および中学校では項目立てられていないことについては，中学校では生徒会活動の運営の内容に含み込まれたとみることができる。小学校ではこれまでも生徒の諸活動についての連絡調整の項目はなかったため，過去の学習指導要領を踏襲している。

　3つ目のクラブ活動はこれまでどおりである。小学校のクラブ活動と中学校や高等学校の課外の部活動との関連は検討課題となる。小学校のクラブ活動は中学校の部活動の選択に生かすことができるが，その部活動そのものの運営はクラブ活動ほど明確な目標や内容の基準をもたないためである。

　4つ目の小学校で遠足・集団宿泊的行事，中学校の旅行・集団宿泊的行事という名称の相違ついては，旅行として思い浮かぶ修学旅行が集団宿泊を伴うことや，中学校や高等学校でも遠足が行われていることなどを根拠とすること，遠足・集団宿泊的行事に名称統一することも可能であると考えられる。

2 特別活動の評価論

　特別活動の評価論には，さまざまな視点からのものがある。ここでは，学習指導要領の資質・能力に対応するもの，学習指導要領の学習過程に対応するもの，国立教育政策研究所によるこれまでのもの，トレーニングの評価についてカークパトリックが考案したもの，OECDが示す学習ストラテジーに対応す

るものを取り扱った。具体的な授業の根拠となる学習指導要領からはじまり，国レベルでのこれまでの評価について理解し，アメリカを中心としたトレーニング評価を意識し，標準化が進む世界の教育の動向からも特別活動の評価を検討するための構成である。ミクロからマクロへ階層を超えて特別活動のロジックを形成できるのではないかと考えた。

（1）2017 年版の学習指導要領における評価

2017 年版の小学校学習指導要領での評価に関する記述を例とすると，総則において次の点が協調されている。

・児童のよい点や進歩の状況などを積極的に評価する。

・単元や題材など内容や時間のまとまりを見通しながら評価の場面や方法を工夫して，学習の過程や成果を評価する。

そして，2017 年版の小学校学習指導要領の解説をみると，「よい点」については「主体的な学び」を実現する場面の例で説明がなされている。そこでは，「よい点や改善点に気付いたりできるような学習過程」として説明されている。特別活動でも，「主体的な学び」の場面で，学習過程を工夫して，児童が気づくよい点を教師は積極的に評価していくこととなる。なお，特別活動の指導方法についても，各教科と同様に，「主体的な学び」「対話的な学び」「深い学び」の視点から授業改善を図ることが推奨されている。

特別活動で資質・能力を育成する学習の過程においては，2017 年版の小学校学習指導要領の解説では「人間関係形成」「社会参画」「自己実現」の３つの視点が提示されている。なお，小学校と中学校の学習指導要領は資質・能力育成型のものに改訂された。具体的には，すべての教科等の目標および内容が「知識及び技能」「思考力，判断力，表現力等」「学びに向かう力，人間性等」の３つの柱で再整理されている。特別活動においても，この３つの資質・能力の柱へ向かう学習の過程や成果が評価対象となる。

「知識及び技能」とは何を知っているか，何ができるかという視点である。特別活動での「知識及び技能」とは，集団と個の関係，基本的な生活習慣，学

表 2.3　特別活動において育成をめざす資質・能力の整理

	知識・技能	思考力・判断力・表現力等	学びに向かう力・人間性等
高等学校	○多様な他者と協働する様々な集団活動の意義の理解。 ○様々な集団活動を実践する上で必要となることの理解や技能。	○所属する様々な集団や自己の生活上の課題を見いだし，その解決のために話し合い，合意形成を図ったり，意志決定したり，人間関係をよりよく構築したりすることができる。	○自主的・実践的な集団活動を通して身に付けたことを生かし，人間関係をよりよく構築しようとしたり，集団生活や社会をよりよく形成しようとしたり，人間としての在り方生き方についての考えを深め自己の実現を図ろうとしたりする態度。
中学校	○多様な他者と協働する様々な集団活動の意義の理解。 ○様々な集団活動を実践する上で必要となることの理解や技能。	○所属する様々な集団や自己の生活上の課題を見いだし，その解決のために話し合い，合意形成を図ったり，意志決定したり，人間関係をよりよく構築したりすることができる。	○自主的・実践的な集団活動を通して身に付けたことを生かし，人間関係をよりよく構築しようとしたり，集団生活や社会をよりよく形成しようとしたり，人間としての生き方についての考えを深め自己の実現を図ろうとしたりする態度。
小学校	○多様な他者と協働する様々な集団活動の意義の理解。 ○様々な集団活動を実践する上で必要となることの理解や技能。	○所属する様々な集団や自己の生活上の課題を見いだし，その解決のために話し合い，合意形成を図ったり，意志決定したり，人間関係をよりよく構築したりすることができる。	○自主的・実践的な集団活動を通して身に付けたことを生かし，人間関係をよりよく構築しようとしたり，集団生活をよりよく形成しようとしたり，自己の生き方についての考えを深め自己の実現を図ろうとしたりする態度。

出所：中央教育審議会（2016）

校生活のきまり，社会生活におけるルールやマナー，自立した生活を営むことと現在の学校での学習との関連などを含んでいる。

　「思考力，判断力，表現力等」とは知っていること，できることをどう使う

かという視点である。特別活動での「思考力，判断力，表現力等」とは，コミュニケーションや協働，合意形成による解決策の決定，将来を見通した自己の生き方の選択・形成などを含んでいる。

　「学びに向かう力，人間性等」とは，どのように社会，世界とかかわりよりよい人生を送るかという視点である。特別活動での「学びに向かう力，人間性等」とは，よりよい人間関係を築こうとする態度，よりよい生活をつくろうとする態度，生き方や職業を選択しようとしたりする態度などを含んでいる。

　なお，小学校から高等学校までの「知識及び技能」「思考力，判断力，表現力等」「学びに向かう力，人間性等」について，中教審では表2.3のように整理している。

　中教審資料によると，資質・能力の3つの柱の一貫性，小学校から高等学校までの系統性をもった資質・能力育成という特徴が読み取れる。つまり，これからの特別活動は，高等学校卒業までの12年間を見通した資質・能力モデルを基盤としている。

（2）学級活動の指導評価モデル

　中教審の教育課程企画特別部会は2016年の会議資料で学級活動・ホームルーム活動，児童会活動・生徒会活動，クラブ活動，学校行事のそれぞれについて学習過程のイメージを提示している。ここでは，特別活動における学級活動・ホームルーム活動の学習過程のイメージを例として学級活動・ホームルーム活動の指導評価モデル（図2.1）について検討を深めたい。

　上記の学習過程のイメージモデルでは学習過程を5段階に区分している。学習過程からみた特徴は「問題に基づく学習」（Problem-based learning：PBL）の形態に対応していることである。現在の「問題に基づく学習」はカナダオンタリオ州ハミルトンのマクマスター大学（McMaster University）の医学部のプログラムから始まったとされる。「問題に基づく学習」はグループの知性を活用できるアクティブラーニングとしての利点をもつ学習である。

　これと類する学習に「プロジェクトベースの学習」（Project-based learning：

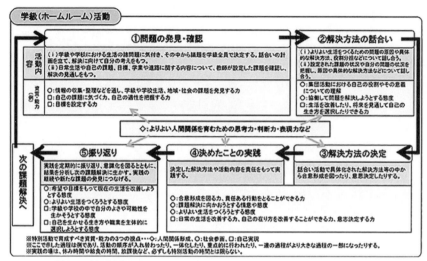

図2.1　特別活動における学級活動・ホームルーム活動の学習過程のイメージ
出所：中央教育審議会教育課程企画特別部会（2016）

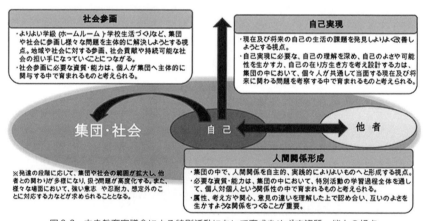

図2.2　中央教育審議会による特別活動において育成をめざす資質・能力の視点

PBL）という形態もある。「プロジェクトベースの学習」はジョン・デューイの「なすことによって学ぶ」という考え方から出発するもので，実践的な課題を積極的に探究し，より深い知識を身につけることをめざしている。日本の学級活動やホームルーム活動でも，指導方法は教師の判断によるが，「問題に基

づく学習」や「プロジェクトベースの学習」を活用することができる。

　そして，これらの学習を教師が指導することを通して，教師は文科省による
資質・能力を先に示した3つの視点からすべての段階で指導し評価することが
期待されている（図2.2）。3つの視点とは「人間関係形成」「社会参画」「自己
実現」である。これらについては，中央教育審議会答申の別添資料で次のよう
に説明されている（中央教育審議会　2017）。

　「人間関係形成」は特別活動の基盤となるものであるため，図2.1の①問題
の発見・確認，②解決方法の話合い，③解決方法の決定，④決めたことの実践，
⑤振り返りのすべての段階で思考力・判断力・表現力などの資質・能力を評価
する視点として活用される。「社会参画」はそれぞれの段階で，社会の課題の
発見，協力，合意形成，生活の改善に関連する資質・能力をみる視点として活
用される。「自己実現」もそれぞれの段位で，自己の適性，自己の生き方の選
択，意志決定，自分のよさや可能性を生かすことなどに関連する資質・能力を
みる視点として活用される。

（3）国立教育政策研究所の評価論

　国立教育政策研究所教育課程研究センターでは，2011年の「評価規準の作
成，評価方法等の工夫改善のための参考資料（小学校　特別活動）」「評価規準
の作成，評価方法等の工夫改善のための参考資料（中学校　特別活動）」などの
なかで各教科等について観点別学習状況の評価の流れについて提案している
（図2.3）。

　ここからは，学習過程，単元（題材），学期末，学年末のそれぞれの段階で
評価をすることが提案されている。特別活動の場合は児童・生徒の学籍ならび
に指導の過程および結果を記録する指導要録の観点別学習状況欄への各観点別
の記載は求められない。そのため，小学校および中学校の場合，指導要録の
「特別活動の記録」に評価の観点と○印を記入するスタイルとなる。○印は各
活動・学校行事ごとに，評価の観点に照らして十分満足できる活動の状況にあ
ると判断される場合に記入される。指導要録の「特別活動の記録」の欄は表

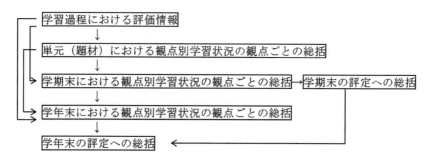

図2.3　特別活動評価の流れ

出所：国立教育政策研究所（2011b：15）

表2.4　小学校児童指導要録の「特別活動の記録」

特別活動の記録								
内　　　容	観　　　点　＼　　学　　　年	1	2	3	4	5	6
学級活動							
児童会活動							
クラブ活動							
学校行事							

出所：国立教育政策研究所（2011a：93頁）

2.4のとおりである。

　なお，指導要録とは，在学する児童・生徒の学習及び健康の状態を記録した書類の原本である。学校に作成と保管義務があり，保管は原則5年，ただし学籍に関する記録については20年である（学校教育法施行規則）。文科省が参考様式を示すが，指導要録の様式を定めるのは設置者の教育委員会であり（地教行法），その作成は校長の権限で行われる。

　そして，その際の根拠となるものは，「観察，児童との対話，ノート，ワークシート，学習カード，作品，レポート，ペーパーテスト，質問紙，面接など」（国立教育政策研究所　2011a：15）などが示されている。これらのものはす

べてを使用するのではなく，必要に応じて適切に選択するという考え方である。特別活動では，作品やペーパーテストでの評価などは活用されることはほとんどなく，観察，児童との対話に加えて学級活動ノート，チェックシートなどのワークシート，学習カード，質問紙などの使用が推奨されている。

　指導要録への記載内容の根拠となる評価機会の設定については，事前の活動，本時の活動，事後の活動といった3段階での評価が推奨されている。事前活動では意見メモ，事前アンケート，学級活動ノート，計画委員会活動計画などが例示されている。本時の活動や事後の活動では，観察，学級活動ノート，振り返りカードなどが例示されている（国立教育政策研究所　2011a：42頁）。

　その結果，指導要録の様式は全国で共通性が高い一方，指導要録における評価の具体的な規準については各学校に委ねられている。

（4）カークパトリックの評価論

　これまで学校では評価尺度や評価機能などに着目した評価の研究が進められてきた。評価尺度としては絶対評価，相対評価，個人内評価などが活用されている。評価の機能についてはベンジャミン・ブルーム（Benjamin Samuel Bloom 1913-1999）による診断的評価，形成的評価，総括的評価などが活用されてきた。ブルームは完全習得学習（mastery learning）の理論を提唱したことなどで評価される。

　特別活動では学習がどのように行動変容を促し，学校の教育目標の達成に効果をもたらしているかということも重要である。そのため，ここでは，特別活動の教育効果測定について，学習成果を含めた総括的なモデルであるカークパトリック（Donald Kirkpatrick　1924-2014）の4段階評価法（Four-Level Training Evaluation Model）を導入することの可能性について検討する（J.D. Kirkpatrick & W.K. Kirkpatrick　2016）。

　カークパトリックの4段階評価法は「反応」（Reaction），「学習」（Learning），「行動」（Behavior），「結果」（Results）によって構成される。従来の特別活動の評価と比較して，学習レベルの評価以前の反応と学習レベルの評価以後の行

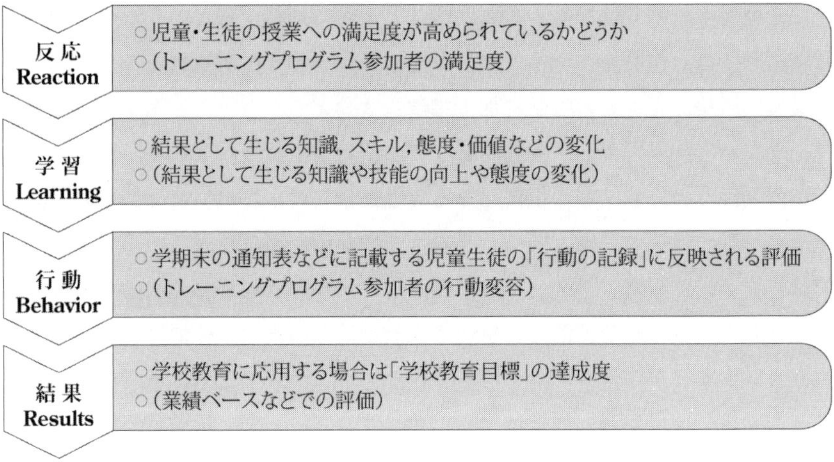

反応 Reaction	○ 児童・生徒の授業への満足度が高められているかどうか ○ (トレーニングプログラム参加者の満足度)
学習 Learning	○ 結果として生じる知識, スキル, 態度・価値などの変化 ○ (結果として生じる知識や技能の向上や態度の変化)
行動 Behavior	○ 学期末の通知表などに記載する児童生徒の「行動の記録」に反映される評価 ○ (トレーニングプログラム参加者の行動変容)
結果 Results	○ 学校教育に応用する場合は「学校教育目標」の達成度 ○ (業績ベースなどでの評価)

図2.4 カークパトリックの4段階評価法の特別活動への導入モデル

注：カッコ内はトレーニングプログラムの場合の説明

動, 結果が重視されていることが特徴である。特別活動は思考を処理する個人の能力である認知的能力 (Cognitive skill) とともに表現力や人間性などの非認知的能力をも重視する。そのため, 児童・生徒の「反応」や「行動」の変容なども視野に入れたカークパトリックの4段階評価法は特別活動で活用可能なものであろう。

「反応」とは, 児童・生徒が特別活動に参加して感じた満足度である。通常の教育活動では児童・生徒の授業への満足度は評価しないことが多いが, 産業界では重視されてきた概念である。具体的には, 生産効率の犠牲を伴っても顧客満足度を高めると消費者のリピーター化が図れるという考え方が背景にある。教育に応用すると, 児童・生徒の授業への満足度が高められると学びに向かう力が維持できるのではないかという考え方につながる。

「学習」は該当する特別活動の結果として生じる知識, スキル, 態度・価値などの変化である。そして, この評価は該当する特別活動の指導のなかで実施される。

「行動」とは知識, スキル, 態度・価値などが授業から学校生活へと移転す

ることである。特定の特別活動のプログラムによる児童・生徒の行動変容が評価対象となる。この評価は3〜6カ月後に行われるため，3学期制や前期後期制の学期末に実施するとよい。この評価は通常は教師などからの観察によって行われるものであるので，学期末の通知表など記載する児童・生徒の「行動の記録」のための評価として活用可能である。

（5）学習ストラテジーと評価

　ここからは，学習ストラテジー（Learning strategies）と評価の関係について検討する。学習ストラテジーとは，児童・生徒が学習を強化するために使用するさまざまなアプローチと方法のことである。教師がどのような学習ストラテジーを児童・生徒に活用させるかといった授業設計の際の選択が特別活動の評価に影響を及ぼす。ここでは，OECDの3つの学習ストラテジーと文科省のアクティブラーニングについて紹介しつつ，評価への影響を考察する。

　OECDの3つの学習ストラテジーとは，コントロール戦略（Control strategies），エラボレーション戦略（Elaboration strategies），暗記戦略（Memorisation strategies）であり，PISA調査の分析の際に活用されている用語である（OECD　2004）。OECDによると，コントロール戦略とは，児童・生徒が何を学んだのか，何を学ぶ必要があるかを学習し，当面の課題に適応させる戦略である。エラボレーション戦略とは，ほかの文脈で学んだ知識が自分自身の学習をどのように規制しているかを意識することを促す戦略である。暗記戦略とは記憶を蓄える戦略である。

　OECD生徒の学習到達度調査（PISA）担当のOECD教育スキル局長であるアンドレアス・シュライヒャー（Andreas Schleicher　1964-）は，エラボレーション戦略が，より困難な問題を解決することと関連していることを指摘している。特別活動は国語の漢字や外国語の単語の学習のように暗記戦略を活用できる部分は多くはない。しかし，学ぶ必要のあることを教師側で設定し児童・生徒を当面の課題に適応させる戦略の場面は特別活動でも見いだせる。そして，各教科等で学んだ成果を活かして学習を精緻化していくエラボレーション戦略

は特別活動が得意とする部分である。エラボレーション戦略の学習を促進させる時間として特別活動の意義は大きい。たとえば学級活動での話し合い，児童会活動や生徒会活動およびクラブ活動での計画や運営，学校行事での各種の取り組みで，過去の経験を再構成し精緻化を図ることができる。

文科省のいう「主体的，対話的で深い学び」について検討してみよう。これらはアクティブ・ラーニングともいわれてきた。文科省の英訳では，主体的な学び（Proactive learning），対話的な学び（Interactive learning），深い学び（Authentic learning）としている。

特別活動における児童・生徒の「主体的な学び」の実現とは，児童・生徒が活動の意義を理解した取り組みである。「対話的な学び」の実現とは，下記の具体例を通して，自己の考え方を協働的に広げ深めていく取り組みである。「深い学び」の実現とは，下記の具体例を通して，学んだことを深める取り組みである。

表2.5をみていくと，児童・生徒に対して最終的には深い学びを実現することが大切となる。深い学びはこれまでも学教目標を決めたり，生徒会活動の内容を決めたり，学校行事で文化祭のクラス展示を決めたり，その他様々な場面

表2.5　特別活動における主体的，対話的で深い学び

	学びの種類	具体例
1	主体的な学び	学ぶことに興味・関心をもつ。 学校生活に起因する諸課題の改善・解消やキャリア形成の方向性と自己との関連を明確にする。 見通しをもって粘り強く取り組む。 自己の活動を振り返りながら改善・解消に励む，など。
2	対話的な学び	生徒相互の協働をする。 教職員や地域の人との対話をする。 先哲の考え方や資料等を手掛かりに考える。
3	深い学び	各教科等の特質に応じた「見方・考え方」を働かせる。 知識を相互に関連付けてより深く理解したり，情報を精査して考えを形成したり，新たな課題を見いだす。 解決策を考えたり，思いや考えを基に創造したりする。

出所：中学校学習指導要領解説特別活動編（2017：21頁）

で慣習的に指導されてきたものである。今後は，これまで以上に意図的，計画的に深い学びを実現する指導の内容や方法の検討が重視されることとなる。

3　児童・生徒に内在する可能性を「引出す」ために

　本章では，教師は特別活動での学びをどう見取るかという問いに対して，特別活動の教育学的意味づけと特別活動のカリキュラム・評価の考え方という視点から論を進めた。特別活動は，教師にとって専門領域の１つとして位置づけられているが，同時に内容に幅があり専門性が多岐にわたるため自信をもって指導しにくい教育活動となっている。このことは特別活動を含む教育課程をバランスよく実践していかなければならない学校や教育委員会にとっては運営上の課題ともなってきた。そこで，本章で取り扱った，児童・生徒の特別活動での学びの見取り方をふまえて，日々の学校での特別活動の指導を実施していくことを提案したい。根拠に基づく適切な特別活動の指導が実施できれば，教師にとっては自信につながり，児童・生徒や保護者にとっては学校教育への信頼がますます高まるのではないだろうか。

　本章では，2017 年版の学習指導要領での特別活動の目標や内容を確認しつつ，内在する可能性を「引出す」という教育の本質と特別活動の関係を明らかにした。特別活動は，人間関係形成，社会参画を図りながら自己実現をめざすという視点で児童・生徒に内在する可能性を「引出す」という特徴がある。また，これからの特別活動は，OECD や文科省が明らかにした児童・生徒が将来必要となる資質・能力を育成するための重要な学習の機会であることもわかってきた。特別活動は OECD が重視するエラボレーション戦略の学習を実施するために適した教育活動であることも明らかとなってきた。

１．特別活動の教育学的意味について他者と議論し，その結果をふまえて説明してみよ
　う。
２．特別活動の指導内容と指導法について他者と議論し，その結果をふまえて説明して
　みよう。

引用・参考文献
国立教育政策研究所教育課程研究センター（2011a）「評価規準の作成，評価方法等の工夫改善のため
　の参考資料（小学校特別活動）」
——（2011b）「評価規準の作成，評価方法等の工夫改善のための参考資料（中学校特別活動）」
中央教育審議会（2016）「幼稚園，小学校，中学校，高等学校及び特別支援学校の学習指導要領等の
　改善及び必要な方策等について（答申）」
——（2017）「特別活動において育成を目指す資質・能力の視点について」http://www.mext.go.jp/
　component/b_menu/shingi/toushin/__icsFiles/afieldfile/2017/01/20/1380902_3_3_1.pdf
文部科学省（2009）『高等学校学習指導要領解説特別活動編』
——（2017）「学校教育法施行規則の一部を改正する省令の制定並びに幼稚園教育要領の全部を改正
　する告示，小学校学習指導要領の全部を改正する告示及び中学校学習指導要領の全部を改正する告
　示等の公示について（通知）」
OECD・文部科学省（2017）『19th OECD/Japan Seminar Pisa2015 から見えるこれからの学び—科学
　的リテラシーと主体的・対話的で深い学び—』
OECD（2004）*Learning for Tomorrow's World First Results from PISA 2003*, OECD Publishing.
James D. Kirkpatrick, Wendy Kayser Kirkpatrick（2016）*Kirkpatrick's Four Levels of Training
　Evaluation*, ATD Press.

第3章

「体験活動」を成立させるためには

1 体験から学ぶとは

（1）背景と今後の動向

　1996年の中央教育審議会（以下，中教審）第1次答申において「生きる力」の理念が提示され，それを機に体験活動が重視され現行の学習指導要領に至るまで反映されている。その背景には思考や実践のもとである子どもたちの直接体験不足があり，自然体験・生活体験・奉仕活動などの機会を豊富にすることで豊かな人間性や自ら学び，自ら考える力などの生きる力を育むために体験活動の充実と促進が求められている。

　子どもの認識過程は，直観（体験）→思考（概念化，知性）→実践（表現，行動）とされ，とくに五感による知覚を体験としてきた。学ぶとは，感覚的な認識を概念化し，科学的・合理的・法則的に捉え直した知性を用いて自らを高め，実生活を豊かにすることである。そして実生活のなかでの体験と知性・概念を往還することで思考は深まり，実践化が促進されるのである。

　学校は子どもの体験を土台とした感覚的な認識を科学的・合理的な考え方や概念に置き換える教育機関であり，意図的・組織的に設けられている。しかし体験の減少は，実感が伴わない概念から学ぶことにつながり，子どもの認識過程を歪める要因になっている。その結果，本物を見たり触れたりする体験が乏しいため真偽の見分けもつかずにただ丸暗記するような勉強になり，学びに対する喜びや驚き，発見や主体性は期待できないと考えられる。

　学校教育は，子ども自身が判断して行動しその責任をもつことや，自己実現に向かって自分を将来へ方向づける自己指導力や生きる力を育むことが責務であり，その土台には子どもの体験が必要不可欠であると考える。

1996 年の生涯学習審議会答申において，「学社融合」の理念が提唱された。学社融合とは，学校教育と社会教育がそれぞれの役割分担を前提としたうえで，学習の場や活動など両者の要素を部分的に重ね合わせながら，一体となって子どもたちの教育に取り組んでいく考え方である。学校が社会教育施設である少年自然の家などを利用するのもその一環であり，学校外での体験活動が積極的に導入されている。特別活動では学校行事の一環として自然体験活動，ボランティア活動・奉仕活動，職場体験などで実践され今日に至っている。

　2016 年の中教審答申「幼稚園，小学校，中学校，高等学校及び特別支援学校の学習指導要領等の改善及び必要な方策等について」において，子どもたちの現状と課題を以下のように指摘しており，特別活動に直結する課題である。

> 　豊かな心や人間性を育んでいくという観点からは，子供たちが様々な体験活動を通じて，生命の有限性や自然の大切さ，自分の価値を認識しつつ他者と協働することの重要性などを実感し理解できるようにする機会や，文芸活動を体験して感性を高めたりする機会が限られている。(7頁)

　また生きる力の理念を具現化するために育成すべき資質・能力を明確化し，教育課程や各教科等の授業などとのつながりが求められている。現行の学習指導要領では，育成をめざす資質・能力を「何を理解しているか・何ができるか」「理解していること・できることをどう使うか」「どのように社会・世界と関わり，よりよい人生を送るか」と示されている。

　以上をふまえ体験活動には，ただ単に体験するだけではなく各教科や領域などと連動し，体験から感じ取ったことを言葉，絵，身体などを使って表現したり，振り返ることが求められている。体験活動の事後には学んだこと・体験したこと・調べたことをまとめ，互いに発表することやディスカッションやディベートなどにより意見の異なる人を説得したり協同的に議論を行い集団としての意見を論理的に帰結することなどが期待されている (図 3.1)。

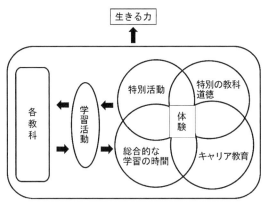

図3.1　体験を核にした各教科と領域などとの関係

出所：国立教育政策研究編（2016）『資質・能力〈理論編〉』東洋館出版社，231頁を筆者修正

（2）体験と教育的意義

　体験とは，体全体を使ってかかわっていくことであり，それらによって引き起こされる主観性・感覚性・感情性・個別性・全人性などが特色である。体験を大別すると直接体験と間接体験があり，直接体験とは体全体を用いて対象となる事物や現象に直接かかわり，それを意識化する体験である。間接体験とは直接的に事物や現象にかかわることはなく，その代わりになる媒体（写真やビデオなど）を通して意識化する体験である。情報化社会が進むにつれシミュレーションや模型などを用いた疑似体験も間接体験とともに増えている。直接体験のなかでとくに幼少期に五感を通して自然の事物や現象に直接かかわり，その活動によって意識化する体験が原体験である。原体験は８つの体験に分類することができる（表3.1）。この原体験は，学校教育の基盤にもなり，延長上にある自然体験と結びつきやすい。

　学校教育全体のなかで体験がもたらす影響は大きく，無藤（1994）は体験と教育との接点を「子どもはその対象に全人格的にかかわるということ，体ごとでかかわるということ，体験を通じて生活の場に入り込むということ，自然の場に入り込むということ」[1]と指摘した。山口（1999）は体験の教育的意義に

表 3.1　原体験の分類と例

原体験の類型	具体例
火体験	火を起こす・物を燃やす・熱さを感じる・煙たさを感じる・草原の火入れ・焼く・煮炊きする
石体験	石を投げる・石を積む・綺麗な石を探す・石で書く・火打石で火を起こす・石で砕く・石で削る・石で剥ぐ・石で切る・石で粉にする
土体験	ぬくもりを感じる・土を掘る・土をこねる・土器を作る・田畑を耕す
水体験	雨に濡れる・自然水を飲む・浮かべる・海や川で泳ぐ・川を渡る・水で物を混ぜる・水で洗う・水で滑らせる
木体験	木に触れる・木の臭いを嗅ぐ・木の葉，実を集める・棒を使いこなす・木，竹，実でおもちゃを作る
草体験	草むらを歩く・草を抜く・草をちぎる・草の臭いを嗅ぐ・草を食べる・草で遊ぶ
動物体験	捕まえる・触る・臭いを嗅ぐ・飼う・声を聞く・食べる
闇体験	星空を眺める・夜行性動物の声を聞く・野宿する・闇で物を探す・闇夜を歩く

出所：小林辰至（2000）『原体験を基盤とした科学的問題解決学習のモデル化に関する研究』15 頁に筆者が一部加筆・修正

表 3.2　体験の教育的意義

感覚や体験は，思考や認識の唯一の確かな基盤である
自然体験，遊び，仕事，奉仕等の体験は基礎的な人間陶冶に欠かすことができない
体験学習では，「なすこと」と「考えること」が一体となっている
学習への関心・意欲を高め，学習の満足感や成就感を体得させる
学習者一人ひとりが主体的に追求し，自分との関わりの中で課題を見出し，解釈する能力を養う
知識を統合し，活用して生きた知識として定着させる
学習を通じて人と協力する態度を養い，個人の役割と責任を自覚させる

出所：山口満編著（1999）『子どもの生活力がつく「体験的な学習」のすすめ方』学事出版，13 頁を筆者加工

ついて表 3.2 のようにまとめている。

　学校教育への積極的な体験の導入は，子どもの意欲をかき立て，主体性を発揮する機会が増えるため新たな認識の形成に役立つと考える。

（3）体験活動・体験学習・経験学習

　体験活動は，2007年の中教審答申「次世代を担う自立した青少年の育成に向けて」において「体験を通じて何らかの学習が行われることを目的として，体験する者に対して意図的・計画的に提供される体験」と定義されている。大別すると生活・文化体験活動，自然体験活動，社会体験活動があり，特別活動の学校行事において具体的に想定されている。たとえば旅行（遠足）・集団宿泊的行事では宿泊体験，自然体験，交流体験などがあり，勤労生産・奉仕的行事では職場体験，ボランティア活動，奉仕体験，農林水産体験などがあげられる。

　体験活動の効果は，社会を生き抜く力の養成，自然や人とのかかわり，規範意識・道徳心などの育成，学力，勤労観・職業観の醸成，社会的・職業的自立に必要な力の育成，課題をかかえる青少年への対応などがあり，発達段階に応じて行うことでより効果的になる。

　体験学習は，学習者が観察・調査・見学・飼育・勤労・奉仕などの体験活動を通じて学習者の感覚機能を使いながら対象に直接はたらきかけ，そこから事実や法則を習得する学習方法の１つである。学校教育としての体験学習は，意図的・組織的・計画的に行う必要がある。真の体験学習は，子ども自身が達成感，成就感，充実感を味わえるような体験の深まりが必要であり，子どもの自己決定権を保証したうえでの活動で学んだ事物の原理や法則を普段の生活や生き方に応用・転用されるものである。

　経験学習は，経験に基盤をおきながら連続的かつ変換的な過程である。松尾（2006）は「個人が社会的・文化的な環境と相互作用するプロセスであり，人間の中心的な学習形態」[5]と定義している。経験学習の源は原体験であり，教育課程のなかで漸次，体験活動→体験学習→経験学習へと意味合いが変化する。

　また体験と経験の概念は類似しているが，経験は外界を知的に認識し，事物の客観性や事実に注意が向けられた客観的な概念であり，体験は経験のなかに包括され，より主観的かつ個人的な色合いが強い（図3.2）。体験と経験を区別したうえで体験学習と経験学習の相違点を表3.3で示す。

表 3.3　体験学習と経験学習の相違点

相違点	体験学習	経験学習
構　造	一定のプログラムやカリキュラムのように構造化されたなかで学習を促進することが多い。	日常的に経験することすべてが対象となるため構造化されない学習。
振り返りのプロセス	体験から得られるプロセスデータの観察に重点	省察的・内省的に振り返ることに重点

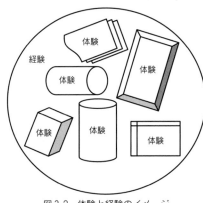

図 3.2　体験と経験のイメージ
出所：筆者作成

図 3.3　体験を基盤とした生きる力と概念形成
出所：小林・雨森・山田 (1992) p. 55 を筆者改変

　デューイ（Dewey, J.）は，体験と学習の関係性が密接であるとして体験学習に多大な影響を与え，教育は体験を通して生じると主張している。その一方で，体験の質を連続性と相互作用の原理から捉え，体験の質を向上させるためには反省的思考を確保する必要があるとしている。レヴィン（Lewin, K.）は「今ここで」起こっている体験を学習に用いる有用性を発見し体験学習に大きな影響を与えている。体験学習は，座学では得ることのできない暗黙知・方法知・体験知・経験知・実践知などを得ることが可能である（表3.4）。

　体験学習は原体験や体験活動を含みながら，学校で得る形式知・内容知・学校知を基盤にし，さらにさまざまな体験から気づき・感じ・学んだことから普

段の生活へ生きた知識として応用・転用することが重要であり，それが生きる力になっていくのである（図3.3）。

（4）体験の質と量と教師の視点

体験から学ぶ循環プロセスのなかで，体験の質と量の関係性が与える影響を表したのが図3.4である。

第1象限は，体験の質が高く量も多いことから何かを発見し気づく可能性が高く，体験に含まれる潜在的な学びや実感の伴った学びを引き起こしやすいと考えられる。第2象限は，体験の質は高いが量が少ないため，体験に含まれる

表3.4　体験学習と「○○知」

体験学習によって得られやすい「知」	①暗黙知	文字や言葉で表現できにくい自己内面的に感じたり考えたりすること
	②方法知	「形式的陶冶」に教育的価値をおいた授業。探求の方法や探求心（態度），法則などの発見の方法，問題解決の方法などを重視
	③体験知	子どもの「体験」を重視。五感によって内面化される感動や感情を大切にし，豊かな「感性」を育てるのがねらい
	④経験知	「その人の直接の経験を土台とし，暗黙の知識に基づく洞察の源になり，その人の個人的信条と社会的影響によって形づくられる強力な専門知識で，数ある知恵の中で最も深い知恵
	⑤実践知	「ある領域の長い経験を通して，高いレベルのパフォーマンスを発揮できる段階に達した人」のことを熟達者とし，熟達者がもつ実践に関する知性のこと
体験学習によって統合させた「知」に得られさる「知」とて	⑥形式知	単一的に教材や資料を記憶したり理解したりすること
	⑦内容知	「実質的陶冶」に教育的価値をおいた授業。科学的知識・技能の習得や概念・法則の理解，特定の技術の習得などを重視
	⑧学校知	「学業に関する知能，学校の秀才がもつ知能」のこと

出所：①⑥石川英志編著（2011）『教えることをどう学ぶか』あいり出版，166頁。②③⑦古藤泰弘，(2013)『教育方法学の実践研究』教育出版，131-132・128頁。④ドロシー・レナード＆ウォルター・スワップ著／池村千秋訳（2013）『「経験知」を伝える技術』ダイヤモンド社，16頁／⑤⑧金井壽宏・楠見孝（2012）『実践知』有斐閣，4‒5頁

学びは確保されているが気づきや発見の機会が乏しく宝の持ち腐れになる可能性がある。第3象限は，体験の質が低く量も少ないため，最も学びや生産性が乏しいと考えられる。第4象限は，体験の量は多いが質が低いため，体験あって学びなしであるが，気分転換やレクリエーションにはよい。

　教師が体験活動を計画する際には以上をふまえ，子どもの発達段階や諸状況を考慮する必要がある。

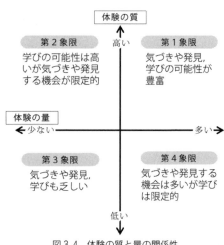

図3.4　体験の質と量の関係性
出所：工藤（2014）

表3.5はその参考になると考える。表3.5の矢印が下方に向うほど，体験の質と効率性が高まり，量と計画性は増大していくことを表している。

　学級とはお互いのかかわり合いのなかで学ぶ共同体である。そこでの学びとは，自己や他者との直接的な対話やそれによる関係性の再構築であり，直接的な体験はそのすべての基盤となる。社会性や道徳性，基礎的・汎用的能力は読書だけでは習得できるものではなく，他者との直接的なかかわりや体験を通し

表3.5　教師の視点での体験・体験活動・体験学習の質と量

		体験の質と効率性	体験の量と計画性
体験	体（五感）を通して得られる直接的な経験のことであり，「身体的活動や直接経験によって引き起こされる主観的な感情や意識のこと		
体験活動	体験を通じて何らかの学習が行われることを目的として，体験する者に対して意図的・計画的に提供される体験のこと		
体験学習	体験活動を通してあるいは基盤にして行われる学習であり，体験することで得られる感情や意識をもとに知を生成していると実感できる学習		

出所：工藤（2014）

て学ぶものである。また National Training Laboratories が発表したラーニングピラミッドでは，一方的に講義を聴くよりは実際に体験し他人に教えたほうが平均学習定着率は高いことがわかっている。直接体験やアクティブ・ラーニングの必要性が高まる今日において，教師は体系的な学びと体験を通した学びを融合することが求められている。そのために教師は知識の伝達者から体験を通して子どもの好奇心や内発的な動機を喚起し，みんなで学び合える環境を調整できる「支導者」[2]としての力量や視点が必要である。支導者は与え教え込む指導ではなく，子どもとの双方向のやりとりを大切にして個人やグループのプロセスに気づき，その状況を的確に判断し，個人やグループの能力を十分に発揮できるように支援し導く人（ファシリテーター）のことである。

2 体験活動からの学びを効果的に促進するための教師のあり方・指導法の留意点

（1）体験活動を学びにつなげる体験学習サイクル

　体験活動を通して子どもは，社会の一員であることや思いやり，規範意識や自尊心，公共性や問題解決能力等を修得していくと考える。その一方で，多大な時間や労力を費やした体験活動での学びが継続的に活かされず，その場や実施後に消滅しまう場合もある。たとえば長期集団宿泊活動の事前・事後・１カ月後に IKR 評定用紙によって「生きる力（心理的社会的能力・徳育的能力・身体的能力）」[3]を測定した結果，事前から事後にかけて得点は向上するが，事後から１カ月後には得点が低下することがわかっている。

　体験活動での気づきや学びを限定的な期間や場所だけではなく，日常生活に応用・転用し継続させるためには，教師が積極的に体験学習サイクルを用いる必要があると考える。とくに集中方式での体験活動では上記のことが起こりやすいため，継続方式での体験活動と併用しながら体験学習サイクルを用いる必要がある。

　コルブ（Kolb, D.）の体験学習サイクルはデューイの学習理論を単純化した循環論であり，さまざまな体験学習に影響を与えている（図3.5）。コルブの体

験学習サイクルは，４ステージの循環から構成され，体験後の内省的な観察（振返り）が最も重要である。この振返りという思考活動は，学習活動中は常に行われる営みであり，次の行為のあり方を判断し意思決定する営みでもある。振返りは，自らの体験に基づいた事物への考え方や信念などを創出し新たな状況に適応するために必要であり，これによって体験の質が充実し，深まりのある真の体験学習になるのである。

コルブの体験学習サイクルを発展させた「体験学習法 BACKL」[4)]は認知療法モデルや行動活性化モデル，Adventure Therapy で用いられている ABC ≈ R モデルを参考に作成したものであり，主体的な体験を促すには有効と考える（図3.6）。この循環モデルは「先ずは積極的に行動を起こすこと」を最重要視し，それによって気づき，感じたことによって認識して

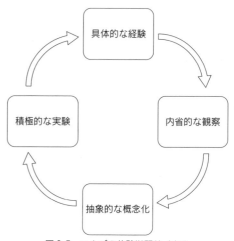

図3.5　コルブの体験学習サイクル
出所：コルブ（1984）をもとに作成

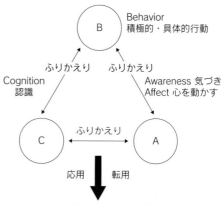

図3.6　体験学習法 BACKL
出所：工藤（2004）

いくものであり，そこでの学びを生きた知識として実生活や学校生活などに応用・転用するものである。

「行動を起こすこと」が重要な理由は，感情から行動が生じるではなく，行動から感情の変化が起こるためである。また事前の話し合いに膨大な時間をか

けすぎた結果，実行に移らず試行錯誤の機会を失うことで打開策や改善策を見つけられずに終了時間を迎える場合が少なくないためである。

　振返りはいつでも可能であり，ショーン（Schön, D.A.）の「行為の中の省察」[5]を支持するものである。

　教師が体験学習サイクルを活用することで，体験活動での学びの質が深まり，イベント化を防ぐことができる。言語活動を意図的・計画的に位置づけ，各教科や総合的な学習の時間などとも連動し，事前の目標設定や調べ学習，役割分担によって活動への意欲を高め，事後のまとめや発表会などを通して気づきや感情を共有することで学びが拡大と深化し，体験活動で得た学びが定着し継続されていく。

　ただし「体験→振返り→発表」のように形式的で杓子定規な構図に慣れすぎると，子どもは教師が期待していることしか表現しなくなることもあるため，正解や不正解はなく，何事も率直に安心して表現できる雰囲気や環境を整える必要がある。ときには自然物やさまざまな事物が書かれたカードを利用したり，絵やコラージュ，詩や俳句などで表現させる工夫も必要であり，子どもの素直な感情や内面を表に現すことが重要である。

（2）支導と指導のバランスと体験活動

　現職教師（幼～高校）に対するインタビュー調査結果から，子どもの発達段階に応じて自治的な集団を形成し自発性や自己同一性を高めるためには，教師の「支導と指導のバランス」[6]が重要であることがわかっている。「指導」とは，教師の主導のもと目標に向かって教え導くことであり，教師が直接的に働きかけることである。それに対して「支導」とは，子どもの主体性を最大限に尊重し，子どもと教師との双方向のやりとりを通して個人やグループのプロセスを的確に判断することであり，それをふまえて個人やグループの能力を十分に発揮できるように支援しながら導くことである。

　幼稚園や小学校では，基本的な生活習慣を身につけ学校文化に慣れること，仲間との集団生活を通して規範意識や自己統制能力の向上が求められるため，

教師の主導性が高くなると考える。中学校や高等学校では，心理的な自立をめざすため漸次，生徒の主体性を尊重したうえでの支導の割合が高くなると考える。その前提条件はそれまでの発達課題が達成されていることであり，達成されていない場合には指導の割合は高くなる（図3.7）。

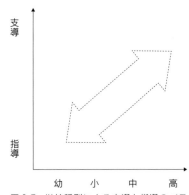

図3.7　学校種別による支導と指導のバランス
出所：工藤（2014）

　教師は子どもの発達段階に応じて支導と指導が必要であり，子どもが主体である体験活動においてもどちらか一方だけに偏重するものではないと考える。図中で破線によって示した矢印には幅があり，支導と指導の両方向への往還を意味するものである。この幅や支導と指導のバランス感覚が教師の専門性の1つでもあり，そのかかわり方は教育実践の文脈から教師が判断する必要がある。また教師は

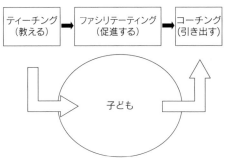

図3.8　ティーチング・ファシリテーティング・コーチング
出所：工藤（2016）

子どもの発達段階と体験と学習の適時性を考慮し，子どもの実態を把握したうえでティーチング・ファシリテーティング・コーチングを行う必要がある（図3.8）。

（3）体験活動時おける教師のファシリテーターとしての留意点

　第一に体験活動では子どもが主体であり，教師は体験学習・参加型学習であることを認識する必要がある。教師主導の詰め込み型とは異なり，子どもの主

体性を発揮しやすいような環境を整えることが必要であり，その際には「C-zone とアドベンチャー」の考え方が示唆に富む（図3.9）。

C-zone（Comfort-zone の略）とは，自分にとって居心地がよく快適な状態や慣れ親しんでいて安心かつ安全な領域である。そのため，無意識の内に C-zone にとどまるか元に戻ろうとする性質もあり，また個人差もある。

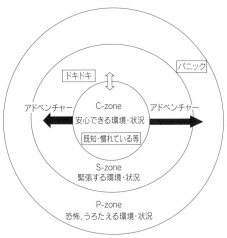

図 3.9　C-zone とアドベンチャー
出所：工藤（2002）

S-zone（Stretch/Strange-zone の略）とは，未知や不慣れなことで少し緊張し，失敗するリスクや不安が伴う領域であり，伸縮性もある。C-zone と S-zone の往還を繰り返すことで未知が既知になり不可能が可能になることで，それまでの S-zone は新たな C-zone となり，さらにその外側に新しい S-zone が形成される。

P-zone（Panic-zone の略）とは，想像を超え慌てふためくような領域であり，C-zone から最も遠く簡単には踏み込みにくい領域である。

ここで重要となってくるキーワードは「アドベンチャー」である。アドベンチャーとは，自らの意思決定において敢えてリスクを背負い C-zone から踏み出すことであり，「体験」に置き換えて考えることもできる。私たちは幼少期から無意識のうちに C-zone と S-zone・P-zone を往還し，さまざまな成功体験や失敗体験をすることで成長してきた。とくに失敗体験のあとには，いつでも C-zone に戻れることも重要であり，安定した土台があるからこそ何度もアドベンチャーが可能になるのである。

子どもが体験を主体的に行うかどうかは，本人の性格と周囲の人的・心理的要因，とくに安心・安全な関係性が影響を与えると考える（図3.10）。

A（Adventure）はアドベンチャー，P（Personality）は性格，C-zone（Comfort-zone の略）は安心・安全な環境である。人間的な成長にはアドベンチャーが必要であり，アドベンチャーは本人の性格と安全な環境との積で増減すると考えるのが「アドベンチャーの理論」[7]である。

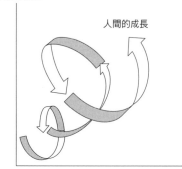

図 3.10 アドベンチャーと P・C-zone の関係性
出所：工藤（2016）

　第二に子どもの心身の安全（C-zone）を確保することは最も重要である。体験活動中に心身の安全を脅かす行為（傷付くことをいう・無視をする・殴る・蹴るなど）が発生しそうな場合には介入し，安全を確保するべきである。

　子どもの性格の変容は容易ではないため，教師の役割は C-zone を確保し調整することであり，同時に子ども自身に C-zone の形成や拡大することの意義や必要性について認識させることである。これらによって失敗するリスクを相互に受容し，自他ともに挑戦することに寛容になるためアドベンチャーが促進され，体験が主体的になっていくのである。

　第三に体験を通しての子ども自身の気づきや感情，学びを促進し，正解が1つではないことを認識する必要がある。他者やさまざまな事物とのかかわりのなかで子どもが学ぶことが大切であり，一人ひとりの気づきや感情が異なることを尊重するべきである。

　教師がすべてを決めて統制するのではなく，子ども自身に判断や決定させる機会を確保し，その結果の良し悪しにかかわらず体験したこと自体やそこでも気づきや感情を尊重するべきである。

　体験活動中の目標達成のプロセスや進度，意思決定や解決の仕方なども多様である。プログラミングの意図とは異なる方向に進むこともあるが否定や誘導をするのではなく，子どもの意思や考えを尊重しつつ，自然な形でプログラムを修正したいものである。

第四に時間を管理することである。体験活動時間は有限であり余裕をもった時間配分を考えなければならない。延長が必要な場合は，子どもや関係者にも確認し，その後の予定に影響しないように連絡を取ることも必要である。目標達成まで「もう少し」の場合は，教育的な効果・配慮と途中でも切り上げる決断を総合的に判断する必要がある。

　第五に場所を管理することである。体験活動の目的に合わせた最適な場所を選び，その場所の安全確保と管理が要求され，事前には実地踏査や情報収集が必要である。場所を選ぶ際には，屋内・外とその広さ，障害物の有無，天候，騒音，コンディション，有害生物の発生状況，他団体への影響をなど考慮しながら選ぶ必要がある。

　第六に子どもたちの状況をみて判断することである。グループ内での関係性や役割，集団の凝集性や意思決定能力，モチベーションの高低などをみて判断しなければならないため，集団カウンセリングの考え方が参考になる。たとえばクラス替え直後で子どもたちの関係性ができていないときと，2・3学期と時間や活動を共有したときでは子どもたちの状況は大きく異なる。また，グループ内で起こっている様子（表情・態度・言動など）を読み取ることが要求されるため，場合によっては臨機応変にプログラムを変更することもある。

　子どもの集中度合いは，長時間の立ち続けや気温，空腹感や眠気，のどの渇き，疲労度や達成感，成功体験や失敗体験にも影響を受けるため，グループ状況の判断は非常に重要である。

（4）体験活動からの学びを効果的に促進するための教師のあり方・指導法

　国立青少年教育振興機構（2010）の「子どもの体験活動の実態に関する調査研究」報告書では，子どものころの体験がその後の人生に影響を与えていることを指摘している。たとえば，子どものころの体験が豊富な大人ほどやる気や生きがいをもっている人が多い，丁寧な言葉を使うことができるといった日本文化としての作法・教養が高いなどであり，子どもの体験喪失といわれる今日において，学校教育における体験活動の充実が求められる要因でもある。

学校行事として自然体験活動は宿泊活動と連動することが多く，小学校での集団宿泊活動では，集団生活や同期活動などの高い教育効果が期待されることから一定期間（5日間程度）にわたって実施されることが望まれている。しかし，日本キャンプ協会（2016）の調査では，平成27年度の小学校での集団宿泊活動の実施状況の割合は「1泊2日の自然の中での集団宿泊活動」（54.4%）であり，次いで「2泊3日の自然の中での集団宿泊活動」（31.1%），「自然の中で集団宿泊活動は行っていない」（6.1%）ということがわかっている。

　大学生を対象とした「野外教育へのニーズ調査」（2011）では，希望する宿泊数は「2泊3日」（48.8%），次いで「3泊4日」（20.7%），「1泊2日」（12.0%）の順であり，「5日間以上」（3.1%）は非常に少ないことがわかっている。この結果の主な要因は，学生自身が体験してきた集団宿泊活動に影響を受けていると推察される。これまで受けてきた教育や自分の体験，経験に依拠して教育について考えることを「原体験主義の教育論」[8]というが，2泊3日以下の集団宿泊活動しか経験していない学生が教師になった際，1週間程度の集団宿泊活動の計画・指導は困難であると考えられる。

　多くの学校は，安全管理が充実し宿泊体験と自然体験を専門スタッフが提供する青少年教育施設を活用している。その際に教師はすべてを専門スタッフに丸投げせずに，宿泊・自然体験の全体的な位置づけや学校生活と各教科を関連づけ，各個人の目標や学級活動との関連性を意識的に体験活動とつなげることが重要がある。これはボランティア活動や職場体験なども同様である。

　学校や教師には，子どもが豊かな人生を送れるように学校生活や生涯を見通した体験活動の精選と計画的な実践が求められている。体験活動の意義や目的を全教師が共通理解したうえで事前に子どもの状態などをつかみ，子どもの動機をうながし，さらに押しつけるのではなく引き出しながら体験活動を行い，事後につなげていくことが最も大切であると考える。この「つなげる」を基底においた「つかむ→うながす→ひきだす」の循環が体験活動からの学びを効果的に促進するための指導法であると考える（図3.11）。

　そして，子どもが自立した社会人になっていくための基礎的・汎用的能力や

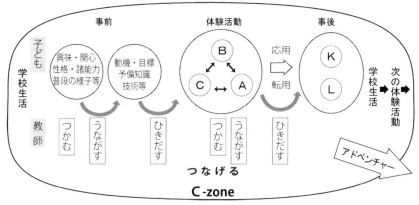

図3.11　つかむ・うがす・ひきだす

出所：筆者作成

自分の人生を開拓し創造していく自己冒険力を習得していくためには，子ども自らが体験的に学び，そこで得た知識や技術を日常生活でダイナミックに活用できる環境（C-zone）が必要であり，この環境の調整と促進を図るのが教師の役割でもあると考える。また子どもの成長と教師の成長が相関関係にあるとするならば教師自身のアドベンチャーは必要不可欠であり，学び続ける教師でありたいものである。

> **深い学びのための課題**
> 1．子どもがさまざまな体験へ主体的に構成するために必要な環境について考察してみよう。
> 2．体験活動を成立させ，学びにつなげるために必要な教師のあり方について考察してみよう。

注
1）無藤隆（1994）『体験が生きる教室―個性を伸ばす学習・表現・評価』金子書房，4-6頁
2）工藤亘（2012）「teachers as professionals としての tap―『指導者』と『支導者（ファシリテーター）』」『教育実践学研究』第16号，23頁

3）国立青少年教育機構（2011）『長期集団宿泊活動のプログラム事例とその効果—「小学校自然体験活動モデルプログラム開発」』5頁
4）工藤亘（2004）「『心の安全』についての一考察」『学校メンタルヘルス』第7巻，42頁
5）ドナルド・ショーン／佐藤学・秋田喜代美訳（2001）『専門家の知恵』ゆるみ出版，87頁
6）工藤亘（2014）「学習指導場面と生活指導場面における教師のかかわり方についての一考察—生徒指導での支導と指導のバランス」『教育実践学研究』第18号，21頁
7）工藤亘（2016）「アドベンチャー教育におけるエッジワークと動機づけについての研究—アドベンチャーの理論を基にした教師の役割とC-zoneに着目して」『教育実践学研究』第19号，40頁
8）髙木展郎・三浦修一・白井達夫（2015）『「チーム学校」を創る』三省堂，11頁

引用・参考文献
工藤亘（2011）「野外教育に対するイメージとニーズ調査—玉川大学教育学部生と他学部生の比較から」『玉川学園・玉川大学体育・スポーツ科学研究紀要』第11号
── （2016）「アドベンチャー教育におけるエッジワークと動機づけについての研究—アドベンチャーの理論を基にした教師の役割とC-zoneに着目して」『教育実践学研究』第19号
国立青少年教育振興機構（2010）「子ども体験活動の実態に関する調査研究」報告書
小林辰至（2000）『原体験を基盤とした科学的問題解決学習のモデル化に関する研究』兵庫教育大学大学院連合学校教育学研究科平成12年度博士論文
小林辰至・雨森良子・山田卓三（1992）「理科学習の基盤として原体験の教育的意義」『日本理科教育学会研究紀要』vol. 33　No. 2
日本キャンプ協会設立50周年記念事業キャンプ白書部会（2016）『キャンプ白書2016』日本キャンプ協会
山口満編著（1999）『子どもの生活力がつく「体験的な学習」のすすめ方』学事出版
Kolb, D.（1984）*Experiential learning experience as the source of learning and development*, Prentice Hall, Inc.

第 4 章

国際交流を事例に「伝統・文化」を学ぶ意義を考える

1 「伝統・文化」による社会的アイデンティティの形成

（1）学校行事にかかわる「伝統・文化」

特別活動，なかでも学校行事にかかわって「伝統・文化」といったときに，何の「伝統・文化」を思い浮かべるだろうか。

筆者がまず思い浮かべるのは，自分が通っていた学校の「伝統・文化」だ。筆者が通っていた私立の中高一貫男子校には，当時，「自校体操」と呼ばれる学校独自の体操があった。中学校に入学すると体育の授業でまずそれを習い，秋に行われる運動会で開会式直後の最初の種目として，中学1年生全員が校庭いっぱいに広がって整列し，先輩や先生方，そして保護者に見守られるなか，「自校体操」を演じる。目に見えるかたちで学校の一員として認められたようで，ちょっと誇らしげに思ったものだ。

ところが，10年あまり前から「自校体操」は教えられなくなった。体育の授業の準備体操にしては負荷が大きいという合理的な理由からだそうだが，卒業生としては現役生が「自校体操」を知らないことが残念でならない。そこで筆者の学年がお世話になった体育の先生が定年で辞められるのを機に，同期数名と先生とで「自校体操」の復元ビデオを作成して，校長先生と若手の体育の先生に贈呈した。

その一方で，「自校体操」が行われなくなった運動会では，かつて高校2年生だった筆者が実行委員長を務めた運動会のときに始めた「舞台製作」が，年々立派なものになって今でも続いているし，あの頃なかったものとしては，いつの頃からか生徒たちは上半身裸で競技に参加するようになり，一部不評を買いながらもその風潮が続いているという。

（2）社会集団としての統一性と連続性を保証する「伝統・文化」

　これら一連の事例からは，運動会という空間を通して，かつては「自校体操」が行われ，筆者の在籍時に「舞台製作」が始まり，今では上半身裸で参加しているという学校独自の "あり様" ＝「伝統・文化」が時間的な連続性をもって卒業生から現役生までをつないでいること，また当事者がそう意識していることがうかがえる。ゆえに，同じ時に同じ場を共有していなかったとしても，またそっくり同じことをしていなかったとしても，50年前の卒業生や30年前の卒業生と現役生が運動会を媒介にして，同じ学校の同窓生だと思い合えるのだろう。

　そう考えると，「伝統・文化」とは社会集団の統一性と連続性を保証する役割を果たしているものといえそうだ[1]。そうであれば，「伝統・文化」によって社会集団の統一性・連続性を保証することは，私立学校のようにある目的に向けて人々が集まってつくられた社会集団だけでなく，地域社会や国レベルの社会集団でも求められることだろう。たとえば，筆者が通っていた鎌倉市の公立小学校では，低学年の遠足で市内の寺院や神社へ行ったり，6年生の修学旅行では日光へ行って東照宮を参拝したり戦場ヶ原で地名の由来となった神話を教わったりした。学校行事に限らず，音楽で習う〈越天楽今様〉や和楽器，美術で習う葛飾北斎の「富嶽三十六景」や日本画，国語で習う百人一首や俳句なども含めて，学校教育において「伝統・文化」にふれる機会は，地域社会や日本社会の統一性・連続性を実感する体験だったのだ。

　そして，学校であれ，地域社会であれ，国であれ，自らが所属する社会集団の統一性・連続性のなかにいると感じられることは，自分が何者であり周りの他者や遠くの他者が何者であるかを認識して，社会的アイデンティティを安定させることにつながっている。その意味で，各個人と個人が所属する社会集団にとって「伝統・文化」を体験し共有することは，個人が集まって社会を形成し，維持・存続させるための重要な社会的行為だといえよう。

　だが，「伝統・文化」にふれると，どうして統一性・連続性のなかにいると感じたり，自分が何者であるかを認識したりできるのだろうか。私たちは「伝

統・文化」によって社会的アイデンティティをどうやって形成しているのだろうか。本章では、そのことを国際交流を事例に検討していくが、その前に、なぜ学校教育で「伝統・文化」が求められるようになったのか、そもそも「伝統・文化」とは何なのかということについて、比較教育や教育開発を関連領域にもつ教育社会学を専門とする立場から、少し整理しておきたい。

2 学習指導要領のなかの「伝統・文化」

（1）2006 年改正教育基本法と 2008・2009 年告示の学習指導要領解説で示された「伝統・文化」

先述のとおり、遠足で市内の寺院や神社へ行ったり、修学旅行で日光へ行ったりというような「伝統・文化」にふれる機会は学校行事などで以前からあった。しかし、学校行事にかかわって「伝統・文化」が学習指導要領に明記されたのは、2008・2009 年告示の学習指導要領が初めてである。

2006 年に改正された教育基本法において、「教育の目標」を定めた第二条の五で「伝統と文化を尊重し、それらをはぐくんできた我が国と郷土を愛するとともに、他国を尊重し、国際社会の平和と発展に寄与する態度を養うこと」と示されたことをふまえて、当該学習指導要領では、言葉と体験の重視などと並んで、「伝統・文化」の尊重が改訂のポイントの1つとなった。

中学校学習指導要領を例に、学校行事にかかわって「伝統・文化」がどのように言及されているかをみてみよう。じつは、「中学校学習指導要領　特別活動」の本文には「伝統・文化」という言葉は出てこない。あるのは、「第2　各活動・学校行事の目標及び内容」「学校行事」の「1　目標」のなかの「集団への所属感や連帯感を深め、公共の精神を養い」と、「2　内容」「（2）文化的行事」のなかの「文化や芸術に親しんだりするような活動を行うこと」、「（4）旅行・集団宿泊的行事」のなかの「平素と異なる生活環境にあって、見聞を広め、自然や文化などに親しむとともに、集団生活の在り方や公衆道徳などについての望ましい体験を積む」くらいである（文部科学省　2008）。

しかし、『中学校学習指導要領解説 特別活動編』には、改訂趣旨として「本

物の文化に触れ，文化の継承に寄与する視点をもつことが必要である」と示されていて，たとえば，文化的行事のねらいについて「美しいものや優れたもの，芸術的なもの，地域や我が国の伝統文化に触れることによって，豊かな情操を養うとともに，生涯にわたり，文化や芸術に親しんでいく態度や能力を育てる」と，「伝統・文化」に言及した解説がなされている（文部科学省　2008）。

　それ以前の学習指導要領解説や指導書をみると，文化的行事の前身にあたる学芸的行事について，学芸会（文化祭），音楽会，展覧会と並んで映画や演劇や音楽の鑑賞会も例示されているものの，そのねらいはむしろ生徒の学習活動の成果発表とその後の向上につなげることにあったようだ。

　では，どうして教育基本法に上述の項目が新たに設けられ，学習指導要領では学校行事で「伝統・文化」を扱うように変わってきたのだろうか。さまざまな理由があろうが，教育社会学の立場からは，社会的アイデンティティをより自覚的に意識する必要のある社会状況が生じてきたことに一因があると考えられる。国際化の進展に注目してその要因を探ってみよう。

（2）昔と今の国際体験

　筆者が初めて外国人を見たのは，今から40年以上も前，おそらく4,5歳のころだったと思う。当時は京都郊外に住んでおり，あるとき父に連れられて神戸港に遊びに出かけた。港に停泊中の大きな船に乗っている船員を見つけて，父に「あの人はアメリカ人？」と聞いたところ，父がその船員に向かってどこから来たのかと，おそらく英語で問いかけたのだ。結局その船員が何人だったかは覚えていないが，あのころの筆者にとっては外国人イコールアメリカ人としか想像つかないくらい，外国とは遠くて限られたところだったのだ。

　しかし，今ではまるで状況がちがっている。たとえば，筆者がコンビニに入ってお弁当を買ったとする。店員さんが「お箸は一膳でいいですか」と尋ねてきたので「はい」と答えようとふと顔を見上げると，日本名ではない名前の書かれたネームプレートをつけている店員さんだったことにようやく気づくことはざらである。

（3）データでみる国際化の進展

　前項で述べたのは個人の体験だが，筆者だけがこの間に世界との距離を縮めたわけではない。マクロなデータから国際化の進展のようすをみてみよう。

　法務省の在留外国人数に関するデータによると，日本に住む外国人は，戦後から1980年代まで60〜70万人台でずっと横ばいで推移していた。それが1990年代になると100万人を，2005年に200万人を超えて，今では300万人近い外国人が日本に住んでいる。

　外国からの旅行者は，前の東京オリンピックが開かれた1964年には年間30万人台だったが，毎年のように10%前後の伸びで増加し，1977年に100万人を，2002年には500万人を，そして2013年に1000万人を超えて，今では年間2800万人もの外国人が日本を訪れている（法務省　2019，佐々井他　2008）。

　40年前の私たちにとって外国は遠くて限られたところだったが，今を生きる私たちにとって，外国籍の人と同じ地域社会に住み，一緒に仕事をし，街角で見かけることはもちろん，私たちが外国に住み，外国で仕事をし，外国に旅行に行くことも，すっかり日常のことになってきたのである。

　このように国際化の進展という視点からみると，戦後から一定の期間，空間的に流動性が低かったときには，自分が何者であり周りの人が何者であるかという社会的アイデンティティを意識しなければならないことは少なかっただろうが，流動性が高まるとともに社会的アイデンティティを意識する必要性も，異なる社会とその社会に所属する人々について理解し尊重する態度を身につける必要性も高まってきたと考えられる。

　このような理由から，社会的アイデンティティ形成の1つの方策として，学校教育で「伝統・文化」に自覚的にふれる機会を設けることが求められるようになったという側面もあるのではないだろうか。

3 社会的アイデンティティ形成のために身につける「伝統・文化」とは何か

（1）源了圓による「伝統・文化」の定義と機能の仕方の説明

なぜ流動性の高まった社会では，社会的アイデンティティ形成のための方策を「伝統・文化」に求めるのだろうか。さまざまな説明があり得るだろうが，ここでは，源了圓の説明（源 1990）を引いておこう。

源によれば，「伝統とは歴史的・社会的存在としての人間を意識的・無意識的に支える行動規範のことであり，ある社会の中で過去から手渡され，現在に受け取られてその社会の中で生き続け，その社会の中で生活している人々に何らかの仕方で生甲斐を与えている何ものか」だという。その「伝統には，広義の伝統と狭義の伝統がある」。広義の伝統は「『習俗』の伝達ということを意味し，『伝承』と同意義で使われ」て，「習俗がおのずから無意識のうちに伝わる」ものである。それに対して狭義の伝統は「習俗を一つの価値として高め，あるいは習俗を成り立たせる価値として理解されて，それを積極的に伝えようとする態度がとられ」るものである。「伝統は，空間的にはその社会に統一性・連関性を与え，時間的にはその社会に連続性を保証するという機能をもっている」。ゆえに，「『伝統』という意識は，民族の個性や歴史が無視され，どの社会にも通ずる普遍的理性が支配すると考えられている社会や時代においては成立しない」。「ある社会，ある文化の連続性の危機が訪れたとき，伝統ということが省みられ」るというのである。

今が日本社会の連続性の危機だとはにわかには思いがたいが，しかし，戦後から 1970 年代までの外国との行き来が今よりはるかに少なかった時期と比べれば流動性は高くなっており，また国内においてもさまざまなマイノリティ社会集団に属する人々がいることが認識され尊重されるようになってきているのもたしかだ。そのような時期にあたって，ある特定の目的をもってつくられた社会集団，地域社会，国を単位に「伝統・文化」によって社会的アイデンティティを形成しようとするのは，歴史が証明する必然の所作なのかもしれない。

（2）「伝統・文化」の体験が何をもたらすのか

それでは，「伝統・文化」の体験が私たちに何をもたらすと考えられて，学校教育に盛り込むことになったのだろうか。

中井（2009）は，2008 ／ 2009 年告示の学習指導要領で「伝統・文化」の尊重が重視されるようになったことについて，「児童生徒たちが地域文化（郷土文化）やわが国の伝統文化を体験的に認識したり学習したりすることを通して（中略）自分の生まれ育った国や郷土のことを深く学ぶことは，アイデンティティの形成や自尊心の形成につながるだけでなく，他者や他国を尊重する国際人の育成にもつながる」とその意義を述べた。そのうえで，各教科や特別活動で「伝統・文化」を盛り込んだ学習を例示して，「児童生徒たちが体験的な活動を通して初めて理解できるものであるとともに，自らも大切にし，守っていこうとする意識が高まってくるものなのである」とその効果を論じている。

「伝統・文化」にふれる体験を積み重ねたり，その歴史や芸術的・社会的価値を学んだりするなかで，「伝統・文化」に対する理解が深まっていくことや，自分がその「伝統・文化」をもつ社会の一員であるという認識をもつようになることはあるだろうが，それがどうして自尊心につながったり，まして他者や他国の尊重につながっていくのか，筆者にはこの説明だけでは得心しにくい。

なぜなら，筆者が小学校の音楽で習った日本の伝統音楽や各地の民謡はどこかゆったりのっぺりしていて，ふだんテレビなどで流れるアイドルやロックバンドのアップテンポで激しいリズムのかっこいい歌に比べていかにも古くさいものに感じられたものだったし，長じて西洋音階やリズムパターンにすっかり慣れてしまった身には，スポーツの国際試合などで流れる，たとえば中東や中南米諸国の国歌は，どう体を揺すればよいかわからず，「どうしてこんな歌がいいんだろう」と思ってしまうことがあるからだ。

そこで以下では，国際交流のあり方を具体的な事例として取り上げて，私たちがどうやって社会的アイデンティティを形成したり他者や他国を尊重する態度を身につけたりするのかを検討し，そのうえで「伝統・文化」を学ぶ意義について考えていくことにしたい。

4 他者を知り自分を知る国際交流～「夏」を"Summer"と訳して終わらないために

(1) 盛んになってきた学校行事や課外活動としての国際交流

　先にみたように，1980年代から諸外国との行き来が盛んになってきた社会状況のなかで，中学校や高校の学校行事や課外活動として海外に修学旅行に行ったり，短期の交換留学を実施したりする学校が増えてきている。筆者が通っていた学校でも，筆者の在籍当時にはなかったが，現在では，いわゆる修学旅行にあたる学年旅行で台湾に行ったり，カナダ，中国，韓国の学校と短期の交換留学を実施したりしているし，そのほかにも有志による国際交流や国際大会への参加も行われている。

　また，かつての英語の学力といえば，読み書きができれば十分だったが，国際化・グローバル化が進展する社会にあって実際に対面状況で外国籍の人と接する場面が増えてきたことを受けて，今では読み書きに話すことと聞くことを合わせた四技能が求められるようになっている。学校行事や課外活動で海外に行く体験は，英語の授業で習得した四技能を試してみる貴重な機会となっていることだろう。

　だが，中高生たちはその際に英語を使ってどのようなコミュニケーションをし，訪問先の人々や地域社会や国についてどのような理解をしているのだろうか。4 ではそのことについて具体例をあげていくが，筆者はここに「伝統・文化」を学ぶことの意義と課題を読み解く鍵があると考える。

(2)「夏」を英語に訳す

　突然だが，日本語の「夏」を英語に訳してみてほしい。おそらく"Summer"とすぐに訳せるだろう。

　英語の授業であれば，それで正解だ。しかし，日本語の「夏」と英語の"Summer"は同じ意味なのだろうか。日本の「夏」を短い言葉で説明すると，たとえば「蒸し暑くて，日陰で涼みたくなる」とか，「昼過ぎにゲリラ豪雨が降る」「蝉がうるさい」「ひまわりが満開に咲く」「海やプールに泳ぎに行く」

66

などだろう。それに対してイギリスまたはアメリカなどの英語圏の国や地域社会の "Summer" はどうだろうか。イギリスであれば,「夜遅くまで明るく,朝晩は羽織るものがほしいくらい涼しい」「日に何度もシャワーが降る」「海鳥がうるさい」「ヘザーが一面に咲く」「海岸に日光浴に行く」といったところだろう。つまり,私たちが英語で "Summer" といえたとしても,そこで蒸し暑い日本の「夏」を思い浮かべていたとしたら,それはイギリスの "Summer" を理解したことにはならないのだ。そう考えると,私たちが国際交流で体験すべきなのは,「夏」を "Summer" と訳して終わらないところまで理解を深めることのはずだ。では,それはどのような体験と理解なのだろうか。

(3)「夏」を "Summer" と訳す国際交流

体験と理解を深めるとはいっても,まずは「夏」をきちんと "Summer" と訳せるようになることが大切だ。「夏」を "Summer" と訳す国際交流としてはどのようなあり方が考えられるだろうか。

①教科書などで知識のある地域社会,国との交流

第一に,中学校の社会や高校の地理や世界史の教科書に載っているような街・史跡・文化にふれることが考えられる。たとえば,イギリスを訪問するなら,ウェストミンスター宮殿やビッグベンを訪れたり,大英博物館でロゼッタストーンを間近に見たり,ロイヤルオペラハウスでオペラを鑑賞することなどはすぐ思いつく。日本に住む人々は東経135度を標準時とする時間帯で生活しているが,それがどういうことかを実感するためには,グリニッジ天文台を訪れて本初子午線をまたいでみるのも貴重な体験になるだろう[2]（写真4.1）。

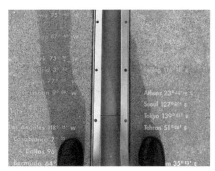

写真4.1　グリニッジ天文台で本初子午線をまたぐ筆者の足　右足の先に「Tokyo 139°45'」とある

②教科書などによる知識のない地域社会，国との交流

第二に，社会や地理や世界史または理科でもほとんど言及されていない地域社会，国と交流することも大切だ。なぜなら，世界には教科書で扱われていない街・史跡・文化のほうがはるかに多いからだ。たとえば，エチオピアという国がアフリカ大陸の東部にある。私たちにとっては，人類発祥の地とかコーヒーの原産地とかマラソンが強いとか，そのくらいの知識しかない国ではないだろうか。

筆者は，母校の国際交流でガーナへ同行した帰りに，知り合いが勤める開発援助機関の拠点がエチオピアにあり，個人旅行をするには安心だからという理由で訪れることになったのだが，当然，それまでエチオピアについては何も知らなかった。そこで，教科書で学ぶような国勢情報をいくつか調べてみると，表4.1のような国だという知識を得ることができた。

知り合いの勧めで訪れたのがラリベラという街だ。ここには世界遺産になっている岩窟教会が何棟もある（写真4.2）。エルサレムから南に伝播したエチオピアのキリスト教は原始宗教の特徴を色濃く残しているというが，実際に教会のなかまで足を運ぶと，ヨーロッパの教会とはまるでちがうことがわかる。

表 4.1　エチオピアの国勢情報（例）

面　　積	109 万k㎡
人　　口	9,317 万人（2013 年）
建　　国	紀元前 10 世紀頃
首　　都	アディスアベバ
公用語	アムハラ語
宗　　教	キリスト教，イスラム教など
気　　候	温帯夏雨気候他
名目 GDP	720 億 US ドル（2016 年，IMF68 位）
1 人あたり名目 GDP	795US ドル（2016 年，IMF168 位）
改善された水の供給源を利用できる世帯	40％未満

中世ヨーロッパの城郭を思い起こさせる城跡のあるゴンダールという街では，ガイドの勧めで昼食にエチオピアの郷土料理を注文した（写真4.3）。

鉄製のお盆の上に何かねずみ色がかったものが敷かれていて，その上にあまり日本では見かけないような調理をされた野菜や肉が並べられている。脇にナイフとフォークがあるが，どこをどうやって食べればよいか，わかるだろうか。結局筆者は食べ方がわからず，"敷物"の上に並んでいる野菜と肉を少しつまんだだけで，ほとんど残してしまった。

観光先から首都アディスアベバに戻って現地在住の日本人にその話をしたところ，ねずみ色がかっ

写真4.2　世界遺産になっているラリベラの聖ゲオルギオス教会

写真4.3　エチオピアの郷土料理

た"敷物"は「インジェラ」といって，発酵性の強いクレープのようなエチオピアの主食で，これを小さくちぎって野菜や肉を包んで食べるのだという。

③「夏」を "Summer" と訳す国際交流の意義

イギリスのグリニッジ天文台で本初子午線をまたいでみる体験やエチオピアで「インジェラ」を食べてみる体験には，いったいどんな意義があるのだろうか。

中井が「伝統・文化」を盛り込んだ学習について「体験的な活動を通して初めて理解できる」とその意義を評価していたように，中高生の多感な時期に，教科書の用語や資料でしか見たことのないもの，教科書の知識としてすら知ら

なかったものを実際に見たりふれたりする体験は，その社会や文化について知識を増やし理解するためにとても大切なことだろう。イギリスやエチオピアの社会や文化に対する興味関心をもつきっかけになるかもしれない。

　しかしそれは，日本とイギリスには9時間の時差があることや，日本のお米にあたるのがエチオピアでは「インジェラ」であることを知っただけのことで，つまりこのような国際交流では，日本語の「夏」を英語で"Summer"と訳せるようになるところまでで終わってしまう。

（4）「夏」と"Summer"の定義のちがいを知る国際交流

　それでは，日本の「夏」とイギリスの"Summer"の定義のちがいまで知り，理解を深めるために，どのような国際交流のあり方が考えられるだろうか。そのためには，源のいうところの「広義の伝統」，つまり無意識のうちに伝達される「習俗」のようなものにふれる必要があるのではないか。もっと身近な表現でいえば，私たちの生活のなかの規律・規範やふるまい方，つまり，広い意味での「生活のあり様」のようなものにふれるということだ。2つほど例を紹介しよう。

①衛生設備（トイレと水道）の状況のちがいに目を向ける

　国際交流でガーナを訪れた際，「夏」を"Summer"と訳す交流よろしく，かつて奴隷貿易の拠点となっていたケープコースト城の見学を行った。海に面した城壁から下を覗くと，波打ち際の岩場にぽつんぽつんとしゃがんでいる人たちがいる。ホスト役の現地在住日本人に聞くと，用を足しているごくふつうの光景なのだという。少しばかり学校の健康教育と衛生環境に関心をもっていた筆者は，そのことに強く興味をもち，数年後に再びガーナを訪れて，いくつかの学校のトイレと水場を見学した。

■Mary Star of the Sea International School

　首都アクラからほど近い海沿いの街にあるこの私立学校は，幼稚園児から中学校3年生までの約1000人が通う，いわばお金持ち向けの学校で，遠くに住む生徒のために寮も併設している（写真4.4）。

70

トイレ（写真4.5）はいわゆる水洗の洋式で，手洗い用の水道と合わせて十分な数が設置されていて，職員による清掃も行われている。その一方で，給食で使った食器と，手で直接食べる習慣があるので食事を済ませたあとの手は，水道ではなく中庭に置かれた台で，盥に溜めた洗剤入りの水で一緒に洗っていた。水が茶色く濁ってくると，職員が取り替えていた（写真4.6）。

この学校のトイレ環境は日本の学校や商業施設などとほとんど変わらないように見えるが，水場は日本のそれとはちがっていた。しかし，トイレに手洗い用の水道をいくつも設置できていることから，水場を設置する余裕がないというよりは，「生活のあり様」のちがいが現れているといえそうだ。

■Engow Basic School

アクラから幹線道路を西へ2～3時間進み，少し山あいに入った小さな村にあるこの学校は，幼稚園児から中学校3年生までの100名余りが通う，ガーナの非都市部ならどこにでもみられるような学

写真4.4　Mary Star of the Sea International School の校舎

写真4.5　校舎内の男子小便用トイレと手洗いの水道

写真4.6　給食後に食器と手を同じ盥の水で洗う生徒

校だ（写真4.7）。

　最近新しいトイレを造ったが，工事が不適切でタンクがうまく使えないため，従前からの穴式トイレを使っている（写真4.8,4.9）。

　穴式トイレは，集落の共同トイレなどにもみられる一般的な様式だ。かつての日本も汲み取り式のトイレだったが，屎尿を有機肥料として活用していたのに対して，アフリカの大半の地域はそうではないため，大きな穴に溜まっていく一方だ。屋外であれば，いっぱいになったら埋めて次の穴を掘るのだが，建物内のトイレの場合にどのくらいの頻度で汲み取っているのかを同行した現地教員に尋ねても，そもそも汲み取っているところを見たことがなかった。

　この学校の校舎に水道は引かれていない。校舎と道を挟んで反対側へ歩いて数分のところに井戸があるので，そこで水を汲んで運ぶか，校舎脇の大きなタンクに雨水を溜めるかして，その水を小さなポリタンクに移して，棒でぶら下げてシャワーのように水を出して，手洗いや飲むのに使うという。校

写真4.7　Engow Basic School の校舎

写真4.8　穴式トイレの建物

写真4.9　穴式トイレ

72

写真 4.10　道を挟んで校舎の反対側にある井戸　ポリタンクを棒にぶら下げる準備をしているところ（中），ポリタンクからシャワー状に水を出すための穴（右）

舎の周りには，棒でぶら下げたポリタンクが数カ所設置されている（写真4.10）。

　洋式の水洗トイレに慣れた私たちには，穴式トイレでどのように用を足せばよいのか見当もつかない。蛇口をひねれば水の出る水場が校舎内外の至る所にある学校に慣れた私たちには，そのつど水を汲んできて移し替える作業は耐えられそうにない。そんなふうに，初めのうちはどちらのほうがより衛生的か，より便利かという捉え方をしていたが，次第に，「用を足すこと」「水を使うこと」にかかわる「生活のあり様」のちがいとしてまず受け止めることなのかもしれないと思うようになっていった。

　②生活環境（家の周り）のちがいに目を向ける

　学校見学の合間をぬって，JICAのスタッフとしてケープコースト大学に赴任中の知り合いに連れられて，ケープコースト市街の周辺を散策した。貧困層の集住地域を抜けた先に，ほとんど放棄された塩田が広がっていて，マングローブになりはじめていた。

　集住地域にトイレはないのか，屋外で用を足しているところに何度か出くわした。こちらは気恥ずかしくて目をそらすのだが，向こうは何とも思っていないそぶりだ。塩田のあぜ道を歩いて行くと，一段高くなっているあぜ道と元の塩田の水位に生えているマングローブの間にびっしりとプラスチックゴミが堆

積していた（写真4.11）。よく見ると，集住
地域の家の周りの溝もゴミで詰まっていると
ころが多かった。

　数年前にアメリカのスターバックスがプラ
スチック製ストローの提供をやめたのを皮切
りに，世界的にプラスチックゴミ対策が図ら
れるようになり，日本でもたとえばレジ袋が
有料になったが，ゴミの分別が行き届いてい
る日本にいると，その必要性の実感がわかな
い。しかし，欧米諸国でプラスチックゴミに
よる海洋汚染が環境問題の1つのイシューと
なっていたことが，この写真のような実態を
目にするとわかってくる。

写真4.11　マングローブ化しはじめた
塩田の周囲に堆積したプラスチックゴミ

③「夏」と"Summer"の定義のちがいを知る国際交流の意義

　衛生設備や生活環境の状況のちがいに目を向ける体験には，いったいどんな
意義があるのだろうか。

　このような体験を通して私たちは，「トイレで用を足す」"to defecate"，「手
を洗う」"to wash hands"，「ゴミを捨てる」"to throw away garbage" といっ
た，どの地域社会やどの国における生活でも必ず行われているであろうことも，
そのあり様は大きくちがうことに気づかされる。他者の生活のあり様を知り，
どうしてそういうあり様なのかを理解していくことは，翻って私たち自身の生
活のあり様の特徴や固有性に気づくこと，逆にいえば，それまで自分自身と自
分の所属する社会をいかに知らなかったかに気づくことでもある。そして，こ
の「生活のあり様の特徴や固有性」こそ，源のいう広義の伝統として無意識に
伝達される「習俗」と同義なのだと考えられる。

　生活のあり様に目を向ける国際交流によって私たちは，日本語の「夏」と英
語の "Summer" の定義にちがいがあるという深い理解にたどりつける。こう
して自分の生活のあり様には他者の生活のあり様とどのように異なる特徴や固

有性があるのかがわかるようになり，自分が何者であるかを認識し，社会的ア
イデンティティを形成していくことにつながっていくのではないだろうか。

5 他者を知り自分を知るための「伝統・文化」

（1）「伝統・文化」の体験から地域社会や社会集団の生活のあり様の特徴や 固有性に気づく

たしかに，生活のあり様に目を向ける国際交流によって，国単位で他者を知
り自分を知ることができ，社会的アイデンティティを形成することができるよ
うになるかもしれない。しかし，地域社会やまたは学校のような社会集団を単
位に捉えたらどうなのだろう。「夏」は，稚内も東京も奄美大島も同じなのだ
ろうか。運動会は，どこの学校でも同じなのだろうか。

筆者は，担当している講義で学期を通して固定のグループをつくってディス
カッションをしてもらう場合，自己紹介しあうときに出身地の「お国自慢」を
してもらっている。その際に放っておくと，「自然が豊かです」「おいしい食べ
物があります」「人がやさしいです」のオンパレードになってしまう。「これ
じゃ，日本中どこでも一緒で，お国自慢にならないじゃないか」と憎まれ口の
1つも叩きたくなるが，本当に国内ならどこでも同じなのではなく，"明確な"
他者と自覚的に接することが少なくて，自分の住む地域社会の生活のあり様の
特徴や固有性に気づくことがなく，まだ自分自身と自分の所属する社会を十分
知らないのかもしれない。ちゃんと出身地のお国自慢をするためには，どうい
う自然なのか，どういう味の食べ物なのか，どうやさしくしてくれるのかを説
明しなければならないが，そういう特徴や固有性があることを自分の言葉で説
明するには，国際交流の事例で検討してきたように，まず他者について知り自
分を知る体験をしなければ，むずかしいのも事実だろう。

では，国際交流のように，実際にほかの地域社会に行ったりほかの社会集団
に参加したりして，生活のあり様にふれる体験をしなければならないのだろう
か。もちろん，遠足や修学旅行などはその役割を担ってくれるだろう。だが，
「夏」を "Summer" と訳すような遠足や修学旅行では十分ではない。

私たちに必要なのは，生活のあり様の特徴や固有性に気づくことだ。それを自覚的に，言い換えれば計画的に体験するのに最も適しているのは，源のいうところの「習俗を一つの価値として高め，あるいは習俗を成り立たせる価値として理解されて，それを積極的に伝えようとする態度がとられ」る狭義の伝統ではないだろうか。

　遠足や修学旅行に訪問先の地域社会の「伝統・文化」を盛り込む。学校に居ながらにして生徒たちの住んでいる地域社会や学校の立地している地域社会の「伝統・文化」を盛り込んだ学校行事や教科学習をする。たとえば，筆者が通っていた学校の運動会の「自校体操」や，小学校のときの寺社をめぐる遠足や日光への修学旅行，または音楽で和楽器に触れたり美術で日本画を描いたり国語で百人一首をしてみることは，狭義の伝統を知ると同時に，広義の伝統によって伝えられる習俗を知り，理解を深め，それをもって自分が所属している社会の生活のあり様の特徴や固有性に気づく機会でもある。ゆえに，「伝統・文化」にふれることで統一性・連続性のなかにいると感じたり，自分が何者であるかを認識したりでき，社会的アイデンティティを形成することができるのだと考えられる。

　学校教育，それも学力が測られるわけではない特別活動に「伝統・文化」が盛り込まれている１つの意義はこの点にあるのだろう。

（2）「伝統・文化」の体験から自尊心を育て他者を尊重する態度につなげる

　では，自らの所属する社会集団や他者の生活のあり様の特徴・固有性に気づくためには，どのような「伝統・文化」のふれ方，体験の仕方をするように配慮する必要があるだろうか。本章の最後に，「伝統・文化」を学ぶ際の留意点を示して論を閉じることにしたい。

　4 で国際交流のあり方について検討したことをふまえれば，学校行事や教科学習の内容そのものとしての狭義の「伝統・文化」はもちろん必要だ。と同時に，広義の「伝統・文化」を意識させるためには，「伝統・文化」を通して習俗＝生活のあり様の擬似的な追体験をしていると自覚できることが大切だ。

そのやり方はいろいろ考えられよう。学校の「伝統・文化」なら，卒業生に話を聞いたり学校史や昔の文集を読んだりほかの学校と交流したりすることもできる。地域社会の「伝統・文化」なら，その地に長く住む年配の方に話を聞いたり郷土資料館で専門家に話を聞いたり資料を見たりすることもできる。

　むしろ，せっかく狭義の「伝統・文化」の行事を体験したり，遠足や修学旅行に行ったりしても，それが生活のあり様の擬似的な追体験であることが自覚できなければ，その場かぎりの楽しかった体験で終わってしまいかねない。『中学校学習指導要領解説 特別活動編』の「学校行事の内容の取扱い」でも，「体験活動を通して気づいたことなどを振り返り，まとめたり，発表しあったりする活動を充実すること」が示されている（文部科学省　2008）。

　なにも大仰に場を設けて発表しあうこともないだろうが，どのようなやり方であれ，彼我の生活のあり様を比較する視点が入るようにすることが求められよう。その際にとくに留意しなければいけないのは，自らの生活のあり様を基準にして他者の生活のあり様を評価するのではなく，そのあり様をそのまま受け止め，背景に思いをいたすことだ。ほかの社会集団，地域社会，国の生活のあり様を理解するのはとてもむずかしく，誤解—まちがった解釈というよりも，「知らない」「わからない」こと—を含んだ理解になることもあり得ることを相互に認識し，そのような理解を受け入れあうことが望まれる。

　もしそのような「伝統・文化」にふれる体験ができれば，日々の生活のなかでは無意識のうちに伝承されている習俗＝生活のあり様の特徴・固有性に気づくことができ，自分の生活のあり様と他者の生活のあり様のちがいを知り，その背景からそれぞれの特徴・固有性の理解が深まっていくことだろう。

　3 で日本の伝統音楽や他国の国歌がよいとか悪いとか述べたが，当時の日本人からすれば，アイドルやロックバンドの歌はガチャガチャうるさいだけかもしれないし，中東や中南米の人からすれば，西洋の音楽こそどう体を揺すればよいかわからないかもしれない。大事なことは，その感覚のちがいは，それぞれの生活のあり様のちがいが価値的にかつ積極的に顕在化したものだと受け入れることができるようになることだろう。

「伝統・文化」にふれる体験の積み重ねからそこまでの境地に至ったとき，どちらがよいとか悪いとかでなく，自分にとって固有のものとして大切に思え，自尊心が芽生えるとともに，他者にとっても固有のものとして大切なはずのものとして受け入れ，尊重する態度が身につくのではないだろうか。

深い学びのための課題

1. 狭義の「伝統・文化」をより深く理解するために，児童・生徒が在籍する学校であれば，文化祭や運動会や合唱祭など，その学校を代表する学校行事について，学校が立地しているか児童・生徒が住んでいる地域社会であれば，お祭りや有形・無形の文化財について，その起源と内容や特徴の変遷を調べてみよう。
2. 広義の「伝統・文化」に気づかせることを目的に，児童・生徒が住んでいる区市町村や学校が立地している区市町村を単位に，「お国自慢」をしてみよう。キーワードと30〜100字程度の説明を書いて，それを数名ないし学級単位で共有して意見交換をしよう。

注
1）「伝統・文化」の統一性・連続性という役割については，**3**（1）で源了圓の定義に言及する。
2）現在国際的に用いられている IERS 基準子午線は，グリニッジ天文台から 100 メートルほど東にずれている。

引用・参考文献
夏秋英房（2012）「地域文化の継承と創造（1）」岡崎友典他『地域社会の教育的再編』放送大学教育振興会
佐々井司・石川晃（2008）「わが国における国際人口移動の動向と将来推計人口への影響」『人口問題研究』64-4，人口問題研究所，1-18 頁
中井孝章（2009）「伝統文化」江川玟成他編『最新教育キーワード』第 13 版，時事通信出版局，152-153 頁
法務省（2019）「在留外国人統計統計表」 http://www.moj.go.jp/housei/toukei/toukei_ichiran_touroku.html
源了圓（1990）「伝統」『新教育学大事典』5 巻，第一法規，277-279 頁
文部科学省（2008）『中学校学習指導要領解説　特別活動編』

第 5 章

発達をつくり出す異年齢集団活動とは

1 特別活動における同年齢集団活動と異年齢集団活動

（1）特別活動における基礎集団としての学級

特別活動は，子どもたちに集団や社会の形成者として考え，判断し，行動できる資質・能力を育成することをめざしている。では，特別活動を通してどのような集団や社会を形成する担い手を育てることが求められるのか。

保育所や幼稚園における子どもたちの生活では，園庭に出ると，異年齢集団による遊びがある。年少の子どもたちは年長の子どもたちと遊びながら，さまざまな遊びのルールや遊び方，言葉や協同の仕方などを学んでいく。ところが，小学校に入学すると，学校生活は同年齢の子どもたちによって編制された「学級」を基礎集団として進められる。「公立義務教育諸学校の学級編制及び教職員定数の標準に関する法律」は「第3条　公立の義務教育諸学校の学級は，同学年の児童又は生徒で編制するものとする」とし，現行では小学校1年生は35人，それ以上は40人の定員を標準としている[1]。学校生活の大半を占める教科などの授業は学級を単位にして行われるのが基本である。習熟度別指導や少人数指導を行うために学級を解体するのは，特定教科（算数・数学，英語など）のみであり，およそ半数の学校においてしか実施されていない。

特別活動もまた，学級を基礎集団としている。「学級活動」はもちろん学級を単位として取り組まれる。「学校行事」「児童会・生徒会活動」は学級を越え，学年を越え，異年齢集団で取り組む活動が多いようにみえるが，これらも学級を単位に準備をしたり，話し合ったり，活動したり，学級で代表を選出したりすることが大半である。

ところで，このような学校生活の基礎集団である学級は，最初から同年齢の

子どもたちによって編制される集団であったわけではない。柳治男（2005）は，学級は当初能力別の学習のための集団として編制されたが，1891（明治24）年の文部省令「学級編制等に関する規則」において「一人の本科正教員の一教室において同時に教授すべき一団の児童」を学級とし，等級ではなく同年齢の子どもによる学級という制度が始まったと指摘している。同年齢の子ども集団であるということは，学力・能力の差異がある集団であるということであり，学習指導にとっては好都合なことではない。にもかかわらず，同年齢集団にしたのは，学級は単に学習指導のための集団ではなく，国家主義的な道徳教育を推進し，「起立」「礼」「着席」という号令に象徴される集団的命令に従わせるための集団，子どもを規律化する訓練のための集団として位置づけられたからである。子どもたちの日常的な生活にはない同年齢の子どもだけの集団を編制することで教師の統制力を強化し，学習だけではなく学校の全生活の基礎集団とし，さらに運動会などにおいて学級間の競争をあおることで一体性を高め，規律的に行動する子どもを育てようとしたのである[2]。

　このような歴史をもつ学級は，現代においても学習指導のための集団である以上に，すべての教育活動，学校生活の基礎集団として機能している。そして，その機能を強化しているのが特別活動である。

（2）特別活動における異年齢集団活動

　特別活動には，同年齢の子どもによる学級を単位としないものとして「クラブ活動」がある。「クラブ活動」の集団は，学級とはまったく異なった原理で編制される。すなわち，自分自身で選択できる，異年齢の集団である。教育課程外の「部活動」も同様である。子どもにとって与えられた集団である学級よりも，自分で選択したクラブ活動や部活動の集団のほうが帰属意識が強く，主体性を発揮でき，自治的集団としての活動に取り組みやすい。

　また，学校行事や給食・清掃活動などにおける「縦割り班」活動も異年齢集団での活動である。毛利猛が2002年に全国の小学校から抽出して行った調査によると，76.2%で「縦割り班」が編制されていた[3]。

このような異年齢集団での特別活動を通じて，同年齢集団では学ぶことので
きない人間関係形成力やリーダーシップ・フォロアーシップ，自治的能力など
を獲得することができる。この異年齢集団のもつ教育力を発揮しながら特別活
動を実践していくことが，異年齢で構成される集団や社会の形成者として考え，
判断し，行動できる資質・能力を育成するうえで欠かせない。しかし，現在，
学校教育において異年齢集団活動が十分行われているとは言いがたい[4]。

2 特別活動における発達的特質をふまえた指導

（1）特別活動における発達の視点

　異年齢集団に注目するということは，集団内の発達の多様性を生かすことで
ある。しかし，学習指導要領には特別活動の目標と内容が発達（学年）段階ご
とには示されていない。小学校の「学級活動」の「内容の取扱い」において低
学年・中学年・高学年の配慮事項が示されているだけである。

　では，特別活動の指導において，子どもたちのどのような発達的特質をふま
えることが求められるのか。「小学校学習指導要領解説　特別活動編」には，
「特別活動において，『主体的・対話的で深い学び』の実現を保障し，自発的，
自治的な活動を通して人間形成を図るためには，児童期の人間関係，社会参画，
自己実現に関わる発達的特質を十分に踏まえて指導する必要がある」[5]と述べ，
低学年・中学年・高学年の発達的特質が概述されている。これらに加え，『生
徒指導提要』[6]に示されているものや発達心理学の知見など[7]を参照しつつ，
特別活動の目標の３つの視点である，①人間関係形成，②社会参画，③自己実
現にかかわる発達的特質を以下に整理する。

　なお，学習指導要領に則して，①人間関係形成とは集団のなかで人間関係を
自主的，実践的によりよいものへと形成するという視点，②社会参画とはより
よい学級・学校生活づくりなど，集団や社会に参画して，集団のなかで自主
的・自治的に活動することでさまざまな問題を主体的に解決しようとするとい
う視点，③自己実現とは集団のなかで現在および将来の自己の生活の課題を発
見し，それを改善していくために，自己の理解を深め，自己のよさや可能性を

生かす力や，自己のあり方生き方を考え設計する力などを高めていくという視点と捉える[8]。

（2）特別活動の目標の3つの視点に関する発達的特質
①小学校低学年

小学校低学年の「人間関係形成」における主要な発達的特質は，幼児期にみられる大人を介した人間関係形成から，子どもたち自身による人間関係形成へと移行していくことである。しかし，人間関係形成力の発達については個人差が大きいため，グループで活動する子もいれば他者とのかかわりを苦手とする子もおり，他者の気持ちを理解しようとする子もいれば自己中心的なかかわりをする子もいる。そのため，人間関係は不安定で，対人トラブルを引き起こすことも多い。言語的なコミュニケーション能力の発達に支えられながら，お互いの意見を出しあい，折り合いをつけることで楽しく活動できた経験を蓄積していくことが重要となる。

「社会参画」における主要な発達的特質は，「○○先生のクラスの自分」「何年何組の自分」という学級集団への所属感が形成されるが学級集団の全体を十分認識できない状態から，次第に小グループでの活動を経験しながら学級全体に目を向けられるようになり，係活動などを通してよりよい学級での集団生活を実現しようとする意欲が高まる状態へと移行していくことである。「学級の規則を守る」「先生の話をきちんと聞く」といった規範意識が形成され，集団のなかで自己統制的に生活することで，集団に適応しようとする。ただ，集団で全員が一斉に同じことをすることへの意識が低かったり，集団生活への不適応が起きやすく，いわゆる「小1プロブレム」が生じることもある。

「自己実現」における主要な発達的特質は，幼児期的な自己中心性から次第に脱却し，他者との関係のなかで自分の特質に気づきながら，自我を形成していくことである。その際，大人による評価が大きな影響力をもち，大人の期待どおりにできた自分に対して自尊感情を高める。学級においては，教師の期待に応えようとする子が集団のリーダー的な存在となって，自分も含めてみんな

が教師からほめられるように集団に働きかけていく。

②小学校中学年

　小学校中学年の「人間関係形成」における主要な発達的特質は，大人と心理的距離をとりながら，「われわれ意識」をもった仲間集団を自発的に形成することである。運動能力が発達し，敏捷性，巧緻性が高まるため，身体的な活動・遊びを通じて人間関係を形成していく。また，思考力などの知的発達に伴って活動や遊びを工夫・発展させながら，仲間集団を広げていく。この時期に活動を媒介とした多様な他者とのつながりを経験することが，その後の豊かな他者理解や人間関係形成力の発達に大きな影響を及ぼすため，学級・学校生活のなかに，多様な集団的・協働的な活動を導入することが求められる。また，自分たちの仲間集団でつくったルールを守れない場合は一律に罰を与える「形式的平等」という道徳観をもつため，「仲間外し」やいじめが生じやすい。

　「社会参画」における主要な発達的特質は，論理的な思考力と言語的コミュニケーション力の発達によって，討論や決定に必要な論理的な話し言葉と行動を制御する書き言葉を獲得することで，議論を通して集団に対して自己主張し，学級での活動の目的・目標を集団的に決定し，規則やルールを自主的に改廃しながら集団活動を展開できるようになることである。ただし，学級には小さな仲間集団が分立し，男女間の考え方のちがいも顕在化するため，学級全体としてのまとまりは育ちにくい。子どもたちが自発的に編制する小集団をうまく学級としての公的な活動（班活動や係・当番活動，学級行事の役割分担など）に位置づけて取り組むことが有効である。また，学級全体の意見を聞きながら集団活動を推進できるリーダーを育成する指導も必要となる。さらに，クラブ活動などを通じて，上級生の存在や学校生活全体に興味・関心が広がるのもこの時期である。

　「自己実現」における主要な発達的特質は，大人よりも仲間集団から自己の存在が承認されることを重視し，自分を他者の視点から捉える「自己客観視」（いわゆる「視点取得能力」の発達）によって自己認識を豊かにすることである。この過程における自我の形成過程を説明したのがミード（1934）である。すな

わち，この時期になると「一般化された他者」を取り込みながら集団のなかで自らの行動を決定することを学んでいく。このとき，他者とのかかわりのなかで行動する自分（「客我」）を客観的に評価するもう一人の自分（「主我」）が形成される[9]。なお，「勉強ができる子がいい子」という「一般化された他者」が求める役割を担うことができず，「勉強ができない自分」という学習面での否定的な自己評価・自己認識をしてしまうと自己肯定感が下がり，自尊感情が失われる。テストの点数だけではなく，学習過程を重視した指導や評価，「学びに向かう力」を高める指導を通して，学級集団に学習の結果だけで評価をしない価値観を共有すること，さらには学習面以外の「持ち味」を評価し，集団で共有するような指導が必要である。

③小学校高学年

小学校高学年の「人間関係形成」における主要な発達的特質は，「親友」という同質性の高い特定の友人と親密なかかわりをもち，遊びや活動の共有だけではなく，互いの考えや気持ちを共有しあう関係をもつようになることである。このような親密な関係を形成しようとするのは，第二次性徴による急速な身体的な変化に対する不安や，親との精神的分離を図るなかでの不安などがあるからである。なお，人間関係のつくり方においては男女差もみられ，「交換日記をする」「プリクラを撮る」「おそろいのものを持つ」などの行動は，男児よりも女児のほうがよくし，女児のほうが友人集団の規模が小さく，閉鎖的なものになりがちである。親密な集団に属さない者とは距離をとり，集団のなかでの子どもたちの「棲み分け」が行われる。それも要因となって，いじめの発生件数は低・中学年よりも減少するが，親密な集団のなかでいじめが起こったり親密な集団に属していない孤立した子どもが排除されつづけることもある。また，他者認識が多面的になり，他者の長所や短所も相対的に捉えられるようになるため，「形式的平等」から個々人の特性や時々の状況に応じてどうすれば平等になるかを判断しようとする「実質的平等」を図ろうとする。大人との関係においては，親子の精神的分離が図られるが，他方で，心身の変化に対する不安が強まるため，親との関係における「依存と自立の両価性」が強まる。

「社会参画」における主要な発達的特質は，「みんなで決めて，みんなで守り，実行する」という自治的な活動が可能となることである。自分たちで決めた集団の目標を大切にし，その目標を達成しようとする感情や意識が強まり，自分の役割や責任などについての自覚が深まり，それを「集団的内部規律」として共有し，学級全体としてまとまった活動ができるようになる。集団内のトラブルを自分たちで解決できるようになり，集団の活動をリードするリーダー集団が確立するようになる。また，児童会活動やクラブ活動の運営に参加し，学校全体の集団をまとめようとする意識や活動もみられるようになる。さらに，学校内外で多様な集団に所属することを通して，学級は多くの集団の1つにすぎないものとなる。

　「自己実現」における主要な発達的特質は，親密な関係のなかで友人の感情を自分の感情として受け止め，他者の反応を通じて自己を見つめ直すことによって自己認識が深まることである。しかし，その過程では，他者と自分を比較して自分に自信がもてなくなったり，些細なことで他者との関係が壊れたり，他者への不信感をもったり，傷ついたりし，悩みや不安を感じるようになったりする。また，学校外や異年齢の多様な他者と出会ったり会話したり協働したりするなかで，親や教師の評価とは異なる評価を得るなかで，自分のなかの「もう一人の自分」を鮮明にしていく。さらに，中学受験や部活動の選択など，小学校卒業後の自分を考えるなかで，将来像や夢，これからの生き方などについてのイメージを深めていく。

　④中学生

　中学生の「人間関係形成」における主要な発達的特質は，急速な身体的発達が一人前の大人になった自覚をもたせ，知的な発達が両親や教員や世間一般の大人たちへの批判的態度を増大させるため，親からの「心理的離乳」が進み，「第二反抗期」に入るとともに，自己の考えに共感してくれ，相互に自己の存在を確認しあえるような同世代の友人からなる仲間集団（ピア・グループ）を形成するようになることである。中学生になると，小学校高学年にみられる互いの興味や関心が似通っているという共通性・類似性だけでなく，互いに異な

表5.1　特別活動の目標の3つの視点に関する発達的特質

	人間関係形成	社会参画	自己実現
小学校低学年	○大人の支援がなくても子ども同士の関係を築くことができるようになる。 ○他者の立場を認めたり、理解しようとする態度が高まるが、感情的・衝動的な言動が多く、個人差も大きい。	○教師を中心とした学級への所属感や一体感が現れる。 ○規範意識が形成され、集団の中で自己統制的に生活するようになる。	○幼児期の自己中心性が残っている段階から、大人や教師、多様な他者との出会いと協働の中で自己中心性の脱却へ。 ○学校のルール・規範に自律的に従って自己抑制的に行動できる自分に対して自信を持つ。
小学校中学年	○大人に対して心理的距離をとり、主に同性で同年齢のメンバーが集まって、自発的に仲間集団を形成するようになる。 ○「われわれ意識」が強まり、集団における個々の結びつき、集団としての閉鎖性や他の集団への集団的自己主張が強まる。	○議論を通して集団に自己主張することを学び、活動の目的・目標を集団的に決定し、規則やルールを自主的に改廃するようになる。 ○クラブ活動等を通じて学校生活全体に興味・関心を広げて、自発的に活動する意欲が高まる。	○自分の存在が仲間集団から承認されることで、自分に対する自信を獲得していく。 ○自己概念は肯定・否定の両方を統合したものになっていく。自分の能力への関心が高まり、学習面での否定的評価が自己肯定感を失わせる。
小学校高学年	○特定の友人と互いの考えや気持ちを共有し合う親密なかかわりを持つようになるが、自分たちと異質な他者への排他性が高まる。 ○親子の精神的分離。親との関係における「依存と自立の両価性」が強まる。	○自分たちで決めた集団の目標を大切にし、目標達成への感情や意識が強まり、それを『集団的内部規律』として共有し、学級としてまとまった活動ができるようになる。 ○児童会活動やクラブ活動の運営に参加し、学校生活の改善や向上に目を向けた活助ができるようになる。	○親密な他者の反応を通じて自己を見つめ直す。他者と自分を比較して自分に自信が持てなくなりがちである。 ○中学受験や部活動の選択などを通じて、将来像や夢、これからの生き方などについて考える機会が増える。
中学生	○自我の目覚めや心身の発達により、自分と価値観の異なる親や教員等への反抗や批判を行うようになる（第二反抗期）。 ○親からの分離（心理的離乳）に伴い、親とは違う自己の考えに共感してくれ、相互に自己の存在を確認し合えるような同世代の友人との仲間集団（ピア・グループ）を形成する。	○自我の目覚めや心身の発達により自主独立の要求が高まり、自発的、自治的な活動を組織的に進める力が高まる。自らの力で組織を作り、計画を立て、協力して集団的活動に取り組めるようになる。 ○部活動等での先輩─後輩関係の中のいじめを生徒会等の公的な場で議論するなど、政治的な問題解決に取り組めるようになる。	○抽象的思考の発進に伴い、見通しを持って考えることができるようになる。 ○自分の生き方や未来像を示してくれる「自己形成モデル」を取り込みながら、アイデンティティの探究を始める。 ○価値的自立が困難になっているため、自己の生き方に不安を抱き、自己を見失う場合もある。

86

る部分をもち合わせていても自他のちがいを許容しながら友人関係を育んでいけるようになる。部活動を通じた異年齢の先輩・後輩関係も構築されていく。さらに，学校外のスポーツ・文化活動やインターネット・SNSなどを通じて，広範囲で同様の興味・関心，夢や目標をもつ同年齢・異年齢の関係も構築される。なお，中学校入学後，ほかの小学校から来た子や先輩との新しい関係づくりがうまくいかなかったり，教科担任制による複数の教員と出会うなかで不安な気持ちを相談できるような教師との関係がつくれなかったり，ピア・グループを形成する過程で排除されたり攻撃されたりすることが一因となって，中学校生活への不適応を起こす，いわゆる「中1ギャップ」が生じることもある。

「社会参画」における主要な発達的特質は，自我の目覚めや心身の発達により自主独立の要求が高まり，自発的，自治的な活動を組織的に進める力が高まることである。自らの力で組織をつくり，活動計画を立て，協力しあって集団的な活動に取り組むことができるようになる。また，たとえば，部活動などでの先輩－後輩関係のなかのいじめを生徒会などの公的な場で議論して解決するような「政治的な問題解決」に取り組むことができるようになる。

「自己実現」における主要な発達的特質は，抽象的思考ができるようになり，「現実のこと」だけではなく「あり得ること」が考えられるようになるため，自分自身の未来について見通しをもつことができるようになることである。そのため，自分の生き方や未来像をさし示してくれる「自己形成モデル」（憧れや目標となる人物）を内面に取り込みながら，世界観とアイデンティティの探究を始める。そして，インターネットなども媒介にしながらさまざまな思春期文化，若者文化を取り込み，既存の大人社会の価値観を相対化する「価値の世界」を仲間とともに発見・創造し，アイデンティティの確立に向けて模索する。いわゆる「第2の誕生」（ルソー）である。しかし，このような価値的自立が，子どもたちの全生活を教科学習の成績による序列化が支配するなかで困難になっているため，自己の生き方に不安を抱き，自己を見失う場合もある。そこで，子どもたちの価値的自立を支援することで，自分にふさわしい生き方や職業を主体的に考え，選択できるようにするキャリア教育が必要である。

（3）発達的特質をふまえた特別活動の指導―小学校「学級活動」の場合―

特別活動の目標を達成するためには，上述してきた子どもの各発達段階における特質をふまえた指導が必要である。ここでは，学習指導要領において発達的特質がふまえられている「学級活動」の「内容の取扱い」[11]について検討してみよう。

〔第1学年及び第2学年〕

　話合いの進め方に沿って，自分の意見を発表したり，他者の意見をよく聞いたりして，合意形成して実践することのよさを理解すること。基本的な生活習慣や，約束やきまりを守ることの大切さを理解して行動し，生活をよくするための目標を決めて実行すること。

〔第3学年及び第4学年〕

　理由を明確にして考えを伝えたり，自分と異なる意見も受け入れたりしながら，集団としての目標や活動内容について合意形成を図り，実践すること。自分のよさや役割を自覚し，よく考えて行動するなど節度ある生活を送ること。

〔第5学年及び第6学年〕

　相手の思いを受け止めて聞いたり，相手の立場や考え方を理解したりして，多様な意見のよさを積極的に生かして合意形成を図り，実践すること。高い目標をもって粘り強く努力し，自他のよさを伸ばし合うようにすること。

幼稚園教育要領の「言葉」領域のねらいには「人の言葉や話などをよく聞き，自分の経験したことや考えたことを話し，伝え合う喜びを味わう」とあるが，小学校低学年では「意見」を発表し，聞く力の育成がめざされている。教師は子どもたちが自分の「意見」をしっかり言語化できるように励まし支えるとともに，合意形成の仕方を教え，「合意をしてみんなでやってみると楽しい！」という経験ができるような活動体験をつくり出すことが求められる。また，小

学校生活が始まるこの時期に，集団生活をすごすための約束やきまりを守ることの大切さが理解されるようにすることが重要である。しかし，１年生は学級という集団を十分理解することができず，時間的な展望も十分もてないので，学級全体の目標や活動，計画などにかかわる話し合い活動は短時間で行い，これからすぐに取り組む活動のルールや今起こったことに関する約束などについての話し合い活動を随時時間をつくって行うことが求められる。

　中学年では，論理的な話し合い活動が求められている。その際，学級には仲間集団が分立し，男女間の差異も生じることから合意形成がむずかしくなることもあるが，学級目標や活動目標の達成にとってどうすることが大切かという観点で合意を形成し，みんなで決めたことをみんなで実行するための役割分担や計画をつくって取り組むことが求められる。また「自分のよさや役割を自覚」するためには，集団のなかで自分の得意なことや好きなことを行い，それを仲間からほめられたり認められたりする経験が求められる。それゆえ，学級内で子どもたちの「居場所」（安心して自分らしさを発揮できるところ）と「出番」（集団のなかで活躍できる機会）を多様につくり出していくような指導が重要である。

　高学年では，相手の「思い」や「立場」など，言語化されない部分も理解できる他者理解力を発揮し，前思春期的な親密な人間関係がつくり出す排他性を乗り越えて合意形成することが求められる。そのためには，自分たちで決めた学級目標の実現に向けた集団の規律性と集団の先頭に立つリーダー集団の存在が欠かせない。計画的にリーダー候補にリーダーとしての経験を積ませながら，多様な意見を組み合わせてみんなの合意と協働を組織できる話し合いのスキルとリーダーシップを育てていくような指導が求められる。また，「高い目標をもって粘り強く努力」できるようにするには，夢やあこがれを膨らますことのできる，異年齢や学級・学校を越えた多様な他者との出会いや協働が求められ，そのなかで「自分にもできる」という自己効力感を高められるような場が求められる。

　なお，中学校の「学級活動」においても「集団活動を特質とする特別活動の

前提に関わる基礎的な資質・能力が，小学校からの積み重ねを生かしつつ，発達段階を踏まえてさらに発展させていくこと」が求められている。

3 異年齢集団による発達をつくり出す特別活動

（1）異年齢集団による特別活動の意義

　これまで述べてきたように，特別活動の指導において子どもたちの発達段階に応じた指導が欠かせない。にもかかわらず，なぜ異年齢集団による特別活動が実施されるのか。それは，異年齢集団だからこそつくり出すことができる発達があるからである。

　異年齢集団による特別活動の意義は，3つに整理することができる。

　第一に，特別活動は「集団や社会の形成者」として求められる資質・能力を育成することをめざしているが，そもそも社会とは異年齢の人々によって構成されるものであり，異年齢集団による特別活動を通じて異年齢の人間関係を形成し，異年齢集団に参画し，異年齢集団のなかで自己実現する資質・能力を育成できることである。

　第二に，これまで子どもたちは，家庭での親子関係やきょうだい（兄弟・姉妹等）関係のなかで異年齢の人間関係を形成する資質・能力を身につけ，地域社会における異年齢の遊び集団のなかで「集団や社会の形成者」として求められる資質・能力を身につけてきたが，このような家庭や地域の教育力が低下してきている今日，これらに代わって異年齢集団による特別活動が「集団や社会の形成者」として求められる資質・能力を身につける場となりうることである。今日，夫婦の平均出生児数は 1.94 人であり，一人っ子は 18.6％で，3人きょうだい（17.9％）よりも多くなっている[12]。さらに，子どもがいる世帯の18.0％がひとり親世帯であり[13]，家庭が異年齢の集団や人間関係を学ぶ場ではなくなってきている。また，図 5.1 のように，小学校高学年および中学生の放課後に外で遊んだりスポーツする時間も友だちと過ごす時間も 2008 年調査より減少し，小学校高学年も中学生もおよそ7人に1人は放課後に友だちと過ごすことはほとんどなくなっている[14]。

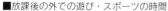

■放課後の外での遊び・スポーツの時間

		しない	30分以下	1時間	2時間	3時間以上	無回答・不明 (%)	平均時間
小学生	2008年	27.3	33.5	21.8	11.5	4.9	1.0	44.8分
	2013年	29.7	34.1	21.6	9.5	4.2	0.9	40.7分
中学生	2008年	67.7		17.7	6.2	4.5 3.0	0.9	19.4分
	2013年	70.7		16.9	5.4	3.4 2.8	1.1	17.1分

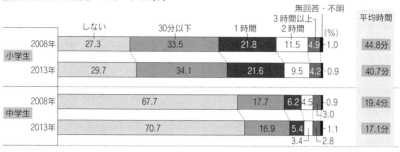

■友だちと過ごす時間

		しない	30分以下	1時間	2時間	3時間以上	無回答・不明 (%)	平均時間
小学生	2008年	13.1	11.4	27.2	21.1	23.9	3.2	111.9分
	2013年	13.9	12.5	26.5	20.1	25.3	1.7	114.4分
中学生	2008年	14.4	10.4	16.2	13.6	42.4	3.0	148.2分
	2013年	16.7	11.4	16.0	13.0	39.9	3.0	141.9分

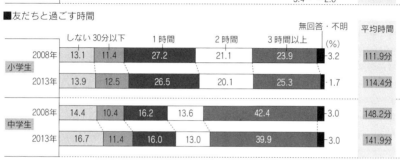

図 5.1　小学校高学年および中学生の放課後

出所：ベネッセ教育総合研究所（2013）「第2回放課後の生活時間調査」

　第三に，特別活動において育成しようとしている資質・能力は，後述するように，異年齢集団による特別活動を通じてより豊かに育成されることである。
　以上のように，異年齢集団による特別活動は大きな教育的意義をもっている。しかし，学校は同年齢集団を基礎にしてカリキュラムが編成されているため，異年齢集団による活動はきわめて少ない。それどころか，ほかの学年のフロアや教室に入ることが禁止されている学校もある。自然発生的な異年齢での交流は学校が制御しにくく，トラブルが起こったあとの対応も複雑になるため，トラブルを未然に防ぐという生徒指導上の理由が重視されて，このようなルールがつくられるのであろう。しかし，子どもたちの社会性や自我の発達にとって異年齢の関係をつくり，異年齢の集団で活動することは不可欠なものである。そこで子どもたちは，放課後に地域社会の諸活動や学校の部活動などを通じて，さらに，SNSなどのネットを通じて自発的に異年齢の関係を築いていく。と

ころが，子どもたちは異年齢の人間関係のつくり方や異年齢集団での行動の仕方をこれまでの経験のなかで十分には学んでいないため，異年齢の人間関係が支配−隷属関係になってしまったり，いじめ（下級生いじめ）が生じたりしがちである。特別活動における異年齢集団活動を通じて，異年齢の人間関係形成力，異年齢集団への参画力，異年齢集団での自己実現力を育成していくことが求められるのである。

（2）異年齢集団活動を通じた人間関係形成力の育成

　特別活動を通じた異年齢集団活動が子どもたちの人間関係形成力を育成することに結びつくためには，その活動がそれぞれの発達段階にふさわしい学びをつくり出すものとなる必要がある。

　小学校低学年においては，少しずつ大人と距離を取って子ども同士の関係を築いていく段階であるため，大人に代わる「お兄さん・お姉さん」として頼ることができる高学年以上の子どもとの異年齢集団活動が有効である。身辺的な自立が不十分であったり自己中心的な振る舞いや感情的・衝動的な言動をしても許容され，言語的なかかわりよりも身体的なかかわりが重視されることで，低学年の子どもたちは上級生への安心感を形成し，上級生に支えられながら新しい人間関係を築くことができる。他方，上級生にとっても低学年との異年齢集団活動は，親密な人間関係に閉じこもりがちな状態を脱して多様な人との人間関係形成を楽しむきっかけになり，相手の思いを読み取り，思いやりをもってかかわることを学ぶ機会となりうる。さらに，実質的平等の意味や異質なものとつながって協働することの大切さを学ぶ場となるようにすることも重要である。

　小学校中学年の子どもたちには，さまざまな活動を通じて共通の「好きなこと」を見つけ，それを一緒に取り組む仲間で集まって集団を形成する時期であるため，多様な活動を通じた異年齢の交流が重要である。たとえば，ドッジボールやサッカーが好きな中学年の子どもたちに，それらが上手な高学年以上の子どもたちと交流する機会を設けることで，ますますそれらの活動が好きに

なり，その活動を媒介とした人間関係が豊かになっていく。「クラブ活動」は，この機会を制度化したものということができる。

　中学生の場合，部活動を通じて日常的に異学年集団活動に取り組んでいるが，部活動は特定の活動・技能の上達や競争に勝つことを目的としているために，「先輩－後輩」関係が権力的な上下関係になりがちである。そこで，特別活動における異学年の交流を通じて，部活動とは異なる，上級生が人生の先輩として後輩の自立や人間関係をめぐる相談に乗り支援するような関係を形成することが求められる。

（3）異年齢集団活動を通じた社会参画力の育成

　特別活動における異年齢集団活動が子どもたちの社会参画力を育成することに結びつくためにも，その活動がそれぞれの発達段階にふさわしい学びをつくり出すものとなる必要がある。

　小学校低学年の子どもたちが，上級生に援助されながら異年齢集団活動にスムースに参加でき，それによって集団活動の楽しさを経験できるようにすることである。また，求められる活動をきちんとできたことを上級生にほめられることで，集団の規則・ルールを身につける機会をつくり出すこと，さらに，上級生に自分の思いや考えを代弁してもらいながら話し合ったりトラブルを解決する経験を通じて，自分の思いを表現し，話し合って決めることの大切さや，トラブルを解決する方法を学ぶことができるようにすることも重要である。

　小学校中学年では，上級生との異年齢集団活動を通じて社会参画の方法を学ぶようにすることが求められる。たとえば，児童会活動の代表委員会の活動やクラブ活動を通して高学年から，議論を通して集団に対して自己主張し，活動の目的・目標を集団的に決定し，規則やルールを自主的に改廃するための方法を学ぶことができるようにする。

　小学校高学年では，児童会活動やクラブ活動の運営に上級生として参画しながら，学校生活の改善や向上にも目を向け，学校全体の集団をまとめようとする意識を高めるようにすることが求められる。その際，社会参画に消極的な子

どもたちも下級生の代弁者や代理人としての役割を果たしながら，積極的に集団活動に参画する機会となるようにする。

中学生は，運動会などの学校行事や生徒会活動・部活動において下級生と集団活動を行うことによって，上級生は年長者としての自覚と責任を感じ，リーダーとして活動を自治的に進める意欲と能力を高める。下級生は上級生をモデルとしながら自治的な社会参画の力を学んでいくようにする。

（4）異年齢集団活動を通じた自己実現力の育成

特別活動を通じた異年齢集団活動が子どもたちの自己実現力を育成することに結びつくためには，その活動がそれぞれの発達段階にふさわしい学びをつくり出すものとなる必要がある。

小学校低学年の子どもたちは上級生との異年齢集団活動を通じて，上級生が示す学校のルール・規範に自律的に従って自己抑制的に行動することを学び，それを上級生から褒められることを通じて，自己中心性から脱却して判断し行動できる自分に対して自信をもつようにすることが重要である。通常の学級での生活では，教師によってしかほめられることがないが，異年齢集団活動においてはたくさんの上級生からほめられる機会がある。これが低学年の子どもたちが自己実現に向かう基礎的な力を獲得するための重要な機会となる。

小学校中学年においても下級生から「すごい」と言われたり，上級生から「がんばったね」と言われることが自信を育て，同年齢集団では獲得できない自己認識を形成する。同年齢集団のなかで，たとえば学習面においてテストの点数が低くて自己肯定感が下がっている子どもが，異年齢集団活動のなかで下級生に教えようと意欲的に学習に取り組んだことがほめられたり，学習以外の点でほめられたりする経験が重要である。

小学校高学年においても，他者の反応を通じて自己を見つめ直したり，他者と自分を比較して自分に自信がもてなくなる時期なので，異年齢集団活動においてこれまでとは異なる評価を得ることで自己肯定感や自己効力感を高めていく経験が必要である。また，中学受験や部活動の選択など，小学校卒業後の自

分を考えるなかで，将来像や夢，これからの生き方などについて考えるために，身近な上級生や中学生や社会人との対話・交流が重要である。

中学生においては，自分の生き方や未来像を示してくれる「自己形成モデル」となる人物との出会いが重要である。多様な生き方を考えることができるような多様な上級生や社会人との対話・交流が必要である。また，同年齢集団のなかで自己の生き方に不安を抱き，自己を見失っているような子の場合，異年齢集団活動のなかで下級生にかかわる活動や地域社会での貢献活動のなかで，多様な人からほめられたり感謝されたりする経験が自己肯定感や自己効力感を高めることにつながる。

（5）異年齢集団活動の指導上の配慮事項

以上のような，特別活動を通じた異年齢集団活動によって子どもたちの人間関係力・社会参画力・自己実現力を育成していくために，どのような指導上の配慮が必要かを整理する。

国立教育政策研究所生徒指導研究センターが作成した生徒指導支援資料「子どもの社会性が育つ『異年齢の交流活動』—活動実施の考え方から教師用活動案まで—」(2011)[18]は，子どもたちに「人と関わる」意欲と喜びを育むために，意図的・計画的に異年齢の子どもを交流させる活動プログラムを作成・実施し，その効果を検証したところ，他者とうまくかかわりをもてる子どもが増え，学校への適応感も高まったことが実証された実践研究に基づいて作成されたものである。このなかで，異年齢交流活動のプログラムのポイントとして以下の3点が提起されている。

ポイント①　「関わる喜び」が獲得できる活動を設定しているか

・子供たちが楽しいと感じられる活動を中心に構成する

・いきなり高度な活動に取り組ませるのではなく，時期を考慮して平易なものから始め，子供の変化に応じて高めていく

・教師が「やらせたい」，「やってほしい」活動ではなく，子供たちが進ん

で「やりたい」と思う活動を設定する

　人とかかわる意欲と喜びを育むためには，一緒に取り組む活動が子どもたちにとって「できる活動」「やりたい活動」である必要がある。同資料は，「交流活動とは名ばかりで，6年生が1年生の教室掃除をさせられるだけの『縦割り清掃活動』は，『人と関わり合いたい』気持ちを育てるねらいにふさわしいかどうかを考えてみる必要があります」とも指摘しており，子どもたちの「やりたい」気持ちを重視することが求められている。

　異年齢集団活動が行事としてイベント化してしまうと，子どもたちにとって「やりたい」活動ではなくなってしまう。どのような活動をするかを決定する過程に子どもたちが参画できるようにしたり，異年齢の子どもたちの間に「あの子に会いたいな」という出会いへの期待感や「あの子たちと一緒にやりたい」という協働への意欲を高めるように事前活動の工夫をしたり，異なる発達段階でもそれぞれに満足できる活動内容にしたりする必要がある。

ポイント②　年長者が主体的に取り組める活動になっているか
・リードする年長者が主体的に企画して取り組めるように，十分な準備の時間を確保する。また，振り返りの時間も必ずとって，「関わりあいの喜び」を自分たちの自信へとつなげていく
・年少者は交流の成果を作文や手紙にまとめることで，「楽しかった」思いを定着させる。作文類は，年長者に届け，彼らの振り返りに役立てる

　活動をリードする年長者がしんどい思いをするようでは，活動は継続的なものにならず，「人と関わる」意欲や喜びは高まらない。ゆとりのある年間の活動計画を作成し，同年齢集団活動時にリーダーとして活動した経験がある子だけではなく，すべての上級生が自信をもって下級生にかかわることができるようにする必要がある。

　また，直接的に交流活動する時間だけではなく，それぞれの同年齢集団で準

備をしたり振り返ったりする時間でも子どもたちが楽しめるように工夫することが重要である。

　なお，上級生にも下級生にも活動後の振り返りを通して「関わりあいの喜び」を確認し共有することが求められている。下級生が上級生からほめられたり，上級生が下級生から感謝されることが，子どもたちの人間関係力・社会参画力・自己実現力を育成するうえで欠かせないものだからである。

ポイント③　全教職員が「交流活動」で子供が育つメカニズムを正しく理解し，適切な対応ができる仕組みになっているか

・子供自らに「関わり合う喜び」を感じとらせることがねらい

・年長者は，自分の役割を自覚して一生懸命行動したことが，年少者のお手本になった，役に立ったと感じとれたときに育つ

・年少者は，年長者のしてくれたことに感謝し，自分もあんな年長者になりたいとあこがれの気持ちをもつことが成長につながる

　異年齢集団活動の指導は異なった学級・学年・学校の教員が一緒に行うが，全教員が何のために何をめざして異年齢集団による活動を行うのかを理解して協同的に指導を行うことが求められる。そのためには，それぞれの発達段階にふさわしい活動のねらいと，異年齢集団活動においてこそ実現したいねらいを明確にし，活動は異年齢集団全体で行われていても，指導はそれぞれの発達段階にふさわしく行うことが大切である。

深い学びのための課題

1．あなたが小・中学生時代に経験した特別活動における異年齢集団活動では，何を学び，身につけることができたか振り返って整理してみよう。

2．異年齢集団活動だからこそ身につけることができる資質・能力を整理してみよう。

3．発達段階に応じた異年齢集団による特別活動の指導計画を作成してみよう。

注

1）2021～2025 年度にかけて，小学校全学年の学級定員を 35 人とすることが予定されている。

2）柳治男（2005）『〈学級〉の歴史学』講談社。

3）毛利猛編著（2007）『小学校における「縦割り班」活動』ナカニシヤ出版，134-156 頁。

4）異年齢集団活動を取り上げた出版物は数少ないが，これを取り上げた図書に，成田國英（1996）『「生きる力」を育てる異年齢集団活動の展開』明治図書がある。

5）文部科学省（2017）『小学校学習指導要領解説 特別活動編』25 頁。

6）文部科学省（2010）『生徒指導提要』。

7）たとえば，楠凡之（2012）『自閉症スペクトラム障害の子どもへの発達援助と学級づくり』高文研など。

8）文部科学省（2017）前掲書，12-13 頁。

9）G.H. ミード（1995：原典 1934）『精神・自我・社会』（デューイ＝ミード著作集 6）人間の科学社。

10）文部科学省（2017）前掲書，75-79 頁。

11）同上書，68 頁。

12）国立社会保障・人口問題研究所（2015）「第 15 回出生動向基本調査」。

13）国立社会保障・人口問題研究所（2014）「第 7 回世帯動態調査」。

14）ベネッセ教育総合研究所（2013）「第 2 回放課後の生活時間調査」（http://berd.benesse.jp/shotouchutou/research/detail1.php?id=4700）。

15）文部科学省（2017）「小学校学習指導要領」12 頁，「中学校学習指導要領」12 頁。

16）文部科学省（2017）「小学校学習指導要領」170 頁，同「中学校学習指導要領」152 頁。

17）文部科学省（2017）『小学校学習指導要領解説 特別活動編』および『中学校学習指導要領解説 特別活動編』。

18）国立教育政策研究所生徒指導研究センター（2011）「子どもの社会性が育つ『異年齢の交流活動』―活動実施の考え方から教師用活動案まで」（https://www.nier.go.jp/shido/centerhp/2306sien/2306sien3_2s.pdf）。

第 6 章

ファシリテーションで創る学び合う集団づくり

1 ファシリテーションとは何か

　ファシリテーションとは，対話を促進する技術と哲学である。ファシリテーションを駆使することで学びの場に素敵な果実をもたらす。ファシリテーションの基本技術とは，学びの場で何がどのように起こっているのかをみる技であり，心のひだまでを聴くスキルであり，問いかける技術である。これにペアにするのか小グループにするのか全体でどのくらい対話するのかという時間と空間をデザインをする力が加わる。ファシリテーションの哲学は，人間の本性への基本的信頼である。人は「よき生き方」を志向し生成していく勇気をもっているという信念である[1]。日本では 21 世紀の到来とともにファシリテーションに注目が集まった。国立国会図書館サーチによれば，ファシリテーションをタイトルとした本は，2000 年以降その数は増加し，2020 年 12 月現在，147 冊出版されていて，心理学，組織開発，まちづくり，教育，国際協力，環境などさまざまな領域にわたっている。ファシリテーションの成果は，ファシリテーターがもつファシリテーション技術と人間尊重の哲学との関数であることを忘れてはならない。しかもこの関数は「和」の形ではなく「積」の形である。いくらファシリテーターとしての技術がすぐれていても哲学がゼロであれば，ファシリテーターが支える場が生み出す成果は負になる。表面的には成果が出たようにみえても，自分たちでそれを産み出したという自覚をもてず，操作されたという不信感さえ残るのである。ファシリテーターとしての志があっても，それを具現化するファシリテーションの技術を伴わなければ，思考の広がりや深まりはみられない。利害対立を乗り越えられない決定であれば，実行が危ぶまれる。ファシリテーションを学ぶ際にはこのファシリテーションの関数を押

さえておくべきである。

　では，教師がファシリテーションを身につけることでどのような変化が起こるのであろうか。その答えは，ファシリテーションの方法論的基礎であるパーソン・センタード・アプローチ（Person-Centered Approach）にある。

　パーソン・センタード・アプローチは，ロジャーズ（Rogers, C.R.）が中心となりクライエント中心療法から進化・発展し，展開させてきた心理療法やカウンセリングの理論と実践である。簡潔に表現するなら，私たち自分自身のなかに，自分を理解し，自己概念や態度を変え，主体的な行動を引き起こす資源をもっていて，人間尊重の姿勢が貫かれた人間関係が提供されさえすれば，これらの資源は働きはじめるという人間のあり方（a way of being）についての哲学である。クライエントとの人間的な関係を構築するには，カウンセラーが「自己一致」「受容」「共感的理解」の態度をもつことである。これは学習者と教師の間にも通じるあり方である。3つの態度をみていこう。

　教師が本心で感じていることと教師の態度や発言が矛盾していると，どんなにうまく取り繕っているつもりでも，学習者たちは教師の本音を察知する。この感覚は教師に傷つけられた経験をもっている児童・生徒ならなおさらである。児童・生徒（たち）との関係のなかで教師が感じたいらだちや悲しみを，必要な場合には，率直に学習者に伝えることが「自己一致」である。これにより，教師もひとりの傷つきやすい心をもった存在であることを子どもたちに伝え学習者と教師が「人間対人間という基盤のうえで対面」（ロジャーズ　1967 → H. カーシェンバウム／U. L. ヘンダーソン　2001）する。

　子どもたちはいつも熱心に取り組むとはかぎらない。無気力であったり，反抗的な態度を示すこともある。ときに教師として許しがたい言動をとることもある。不完全ではあるが，変わりゆく潜在能力をもつ一人の学習者として教え子の成長を信じ待ち尊重する態度が「受容」である。

　「共感的理解」とは，「正－否」という評価的な人間理解とは異なり児童・生徒の内的世界をあたかも自分のことのように感じ取り，その受容的な理解を彼ら彼女らに明確化し返してあげることである。この「共感的理解」こそが，子

表6.1 ファシリテーションを学ぶ教師とそうでない教師の比較

	ファシリテーションを学ぶ教師	従来型教師
①児童・生徒指導	変わりゆく能動的存在	指導される受動的存在
②クラスづくり	対話と参画によるクラスづくり	効率よく統制されたクラス運営
③授業観	学び合いによる知の発見・創造	知識の伝達と獲得

どもたちの人間としての成長を促進するうえで最も強力な力であるとロジャーズはいう[2]。

　教師や援助者が，これらの態度を身につけパーソン・センタードの哲学を生きるとき，子どもたちやクライエントを自己探求と自己発見へのプロセスへ導き，成長を支えることができる[3]。ロジャーズはこの理論を理解し実践していくのが援助専門職であり，その専門職にカウンセラーやセラピスト，ソーシャルワーカー，教師，企業や組織，コミュニティ創造，多文化理解，国際紛争解決の場面のファシリテーターといった広範な専門職を想定している。

　表6.1は，ファシリテーションを学んでいる教師と学んでいない教師の指導観を比較したものである。教師がファシリテーションを身につける過程で，「児童・生徒指導」「クラスづくり」「授業観」という3つの側面での転換が起こる。

①児童・生徒観の変化—指導される受動的存在から成長しつづける能動的存在へ

　教師は，児童・生徒を受動的な存在とみなしがちである。それは，児童・生徒に「○○させる」という指導観である。教育の効率を高めるには，クラスや授業の規律を乱さず，教師の指示に素直に従う児童・生徒をよい学習者と評価してしまう。教師の常套句である「あの子はよい子ですね」には，「面倒をかけず素直に従う児童・生徒がよい子」であるという含意がある。

　ファシリテーションを学ぶと，まずこの児童・生徒観の修正が求められる。児童・生徒は「学習し変化したいという欲求」（ロジャーズ）をもつ一人の学習者として捉え直される。ファシリテーションの哲学は，学習者をあまたの可能性をもった変わりゆく存在として尊重することを教師に積極的に要求する。

②クラスづくりの転換

教師は問題が起こることを「厄介なこと」とみなし，恐れ，嫌う。指導上の問題がないクラスをよいクラスと考える傾向がある。

ファシリテーションを学ぶと，問題や課題こそが子ども一人ひとりクラス集団が成長するチャンスと捉える覚悟をもてるようになる。クラスづくりの途上で事件や問題が起こっても，解決のプロセスこそ学びのチャンスと捉え，オープンな対話により解決をめざしていくようになる。

③授業観の転換─預金型学習からの脱却

ファシリテーションを学んだ教師は効率よく知識を定着させるのがよい授業であるという「銀行型教育」観（Paulo Freire 2011）から転換できる。教室で教師も一人の学習者として児童や生徒とともに学び合いたいと願うようになる。意味ある学習とは，知識を預金のようにため込むための学習ではなく，「個人の実存のあらゆる部分に浸透するような深い影響力をもった学習」である。「静止した知識よりも探究の過程（process）」[5]を大切にし，ファシリテーションが開発したさまざまな技で授業を展開するようになる。

2 ファシリテーションが児童・生徒指導を変える

ここではファシリテーションを助ける技法である傾聴，ORJI モデルに注目したい。

①傾　聴

ファシリテーションの根本は聴くことにある。傾聴とは「対話に於いて，相手の真に言わんとすることを相手の立場に立って聴きとり，理解しようとする態度である。相手の言葉の背後にあるもの，言葉と言葉の間の沈黙のうちに語られているもの，相手の感情や気持ちなども聴きとることである」[6]である。傾聴は個人面談，学級・ホームルーム活動はもちろん，授業にも活かせる手法である。

傾聴とは留保をつけず他者の思いを受け止めることであり，そのためには相手から言葉が発せられるのをひたすら待つことが必要だ。しかし，教師は子ど

もたちが語ろうとする言葉を往々にして待ちきれず，「何が言いたいの？」「君が言いたいのはこういうことでしょ？」「大きな声ではっきり言いなさい」と言葉をはさんでしまうことがある。臨床哲学者の鷲田清一（2006）は，次のようにいう。

> 鬱いでいるひとの口は重い。迎え入れられるという確信のないところでは，ひとは他者に言葉をあずけない。苦しみをわざわざ二重にすることはないからだ。そのひとはだから，口を開く前に，まず聴くひとのその姿勢をこそ聴こうとする

教師は子どもたちが話し出してくれないことをおそれることはないだろうか。とりわけ塞いだ子どもたちとかかわるときにはなおさらそうである。ゆっくりと待つことから傾聴は始まる。

傾聴の力を考える好例を紹介したい。

中川米蔵（1994）が紹介するところによれば，日本のホスピスのパイオニアである柏木哲夫と末期医療をテーマにしている岡安大仁とによるターミナル・ケアに関する質問紙調査に次のような設問がある。ある末期医療患者の「わたしはもうだめなのではないでしょうか」という言葉に対して，あなたはどう答えるだろうか。選択肢は次の5つである。

> 1．「そんなこと言わないで，もっと頑張りなさいよ」と励ます。
> 2．「そんなこと心配しないでいいんですよ」と答える。
> 3．「どうしてそんな気持ちになるの」と聞き返す。
> 4．「これだけ痛みがあると，そんな気にもなるね」と同情を示す。
> 5．「もうだめなんだ……とそんな気がするんですね」と返す。

しばし考えてほしい。

1は患者を励ます決まり文句であり，そこに医師の熱情があり行動が伴わな

ければコミュニケーションを打ち切ろうとする姿勢にもなってしまう。

　5は一見患者の問いかけの答えになっていないようにみえるが，患者の言葉を確かに受け止めたという応答である。励ましでもなく，2のような逸らしでもなく，3のように分析探求でもなく，4のように外側から示される同情でもない。言葉を確かに受け止められたと感じたとき，「患者は，口を開きはじめる。得体のしれない不安の実体がなんなのか，聞き手の胸を借りながら探し求める」[7]という。

　児童・生徒指導の基本は，子どもたちとリレーションを築くことである。「安心して話ができる」「私の本当に気持ちをわかろうとしてくれている」という気持ちと気持ちのつながりは，援助的な人間関係の基本となる。そのベースとなるのが傾聴である。

　② ORJI モデル

　ORJI モデルとは，エドガー・H・シャイン（Schein, Edgar H.）が提唱したコンサルテーション研究のなかから生まれたモデルである[8]。

　シャインのプロセス・コンサルテーションの要諦とは，課題や問題をかかえる組織こそが解決法を握っていて，だからこそ組織が学習する能力を増やし，コンサルタントが去ったあとも，自力で問題を解決できるようになるための支援をすることである。そのために，コンサルタントはクライアントと援助関係を打ち立て維持しなければならない。観察，傾聴に加え積極的質問を行いながらクライアントとチームを形成する。

　このプロセス・コンサルテーションの手法は，組織開発の分野にとどまらず課題をかかえた児童・生徒（たち）に教師が支援や介入する際にも有効である。

　教師は，「いまここ」で行っている指導や支援が効果的であるか否かを絶えずリフレクションしなければならない。その視点を与えてくれるのが，ORJIという円環型モデルである（図6.1）。

　教師が当該児童・生徒の課題を解決するためには，まず子どもたち（をとりまく環境）に何が起こっているのかを観察しなければならない（Observe）。この観察に付随してある感情がうまれる（Reaction）。感情に影響を受けて現状の

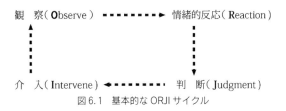

観　察（**O**bserve） ┅┅┅┅┅➤ 情緒的反応（Reaction）

介　入（Intervene） ◀┅┅┅┅┅ 判　断（Judgment）

図6.1　基本的な ORJI サイクル

分析を試み，指導方針を立て（Judgment），教師は指導・支援を進める（Intervene）。この ORJI サイクルのなかに私たちが陥りやすい罠が仕掛けられているとシャインは指摘する。

　罠1　誤認：教師は観察が不十分だったり，子どもたちに対してもっている先入観にとらわれ，そこで何が起こっているのか，それがどうして起こっているのかを不正確に捉えるという過ちを犯す。

　罠2　不適切な情緒的反応：罠1の誤った観察から必然的に引きだされるまちがった感情だけでなく，正しい観察にもかかわらず，その見えにおおげさに反応してしまい不適切な反応を引き起こしてしまうことで陥る過ちがある。

　罠3　不正確なデータや不完全な論理に基づいた分析と判断：罠1と2，もしくはどちらかのミスゆえ，誤ったジャッジを下してしてしまうことと，自身の論理的な思考力の欠如ゆえに不正確な思考に陥ってしまうことがある。

　罠4　一見正しく見えるが，判断そのものが誤っている：1～4の罠は積もり積もっていく。誤認の罠にかかると自動的に次々と罠にかかる。

　だからこそ，教師はあとに続くそのプロセスに潜む罠の存在に気をとめ，適切な支援や介入を行うべくサイクルを回していかなければならない。

　自分の観察や推論が正しいかまちがっているかどうかを児童・生徒や同僚に直接問い，尋ねることも罠にかからない方法の1つである。過去の事例にとらわれた解釈を留保し，わかろうとする探求精神をもつことも大切である。

　効果的な援助には，国際協力の領域で活躍している和田信明と中田豊一が提唱する対話型ファシリテーション（和田・中田　2010）の手法は示唆に富む。対話型ファシリテーションの手法は「『なぜ？』と聞かない質問術」（中田2015）である。5 W 1 H のうち How と Why 質問を封印するのである。「どう」

は答える範囲が広く焦点化できず，それゆえ曖昧な答え方しか得られずコミュニケーションを阻害する。「なぜ」という問いは，詰問や非難と捉えかねない。そう感じた子どもたちは，自分を守り，建前や言い訳に逃げこんでしまいがちであるからだ[9]。「いつ？」「どこ？」「誰（誰と？）」「何を？」を繰り返し，児童・生徒とともに現状分析に努めることである。事実質問を繰り返すことで，本当の問題に正しく気づくことができる。子どもたちの記憶の糸を解きほぐし，自ら問題に陥っているパターンに気づかせることができる。正しい現状認識こそ効果のある援助の出発点であり，ファシリテーションはそれを教えてくれるのだ。

3 ファシリテーションによるクラスづくりの転換

　土井隆義（2004）が「親密圏」と「公共圏」という2つの概念で現代の子どもたちの人間関係について興味深い論を展開している。彼らは周囲の身近な友人関係である「親密圏」では，関係を破綻させないために相手に繊細な配慮を払うようにしている。いっぽう逆に見知らぬ他人である「公共圏」ではまったく無関心で傍若無人の態度をとる。現代日本の教室の風景は，同じ志向性をもった小集団の交わりから省かれないようにきゅうきゅうとし，自分とはちがう志向性や価値観をもったクラスメートとかかわろうとしない。

　子どもたちを取り囲む日本社会では，文化的な背景のちがう人の意見も，その背景を理解し，時間をかけ説得・納得し，妥協点を見いだすグローバル・コミュニケーション・スキルが求められる。その一方で，和を乱さず，意図や空気を察して機敏に行動できる力という2つの矛盾したコマンドを子どもたちの要求している（平田オリザ　2012）。

　教室は人間関係を育てる練習の場である。対話を積み重ね，粘り強く共有できる部分を探していくしんどさと喜びを味わう場である。しかし，教師が無策であれば，互いに察しあう文化が支配し（察することに失敗すると「KY＝空気が読めない」と排除される），弱者や少数派を疎んじられたり，排除されたりすることも起こってしまう。

聴き合う文化を立ち上げ，人間関係を築けば，児童・生徒たちは学習者として能動的になり，リスクをとったりチャレンジするようになる。心理学や演劇をベースとしたワークショップが有効である。そのワークショップをデザインし展開するのがファシリテーションを学んだ教師の役割である。ワークショップは，そこに集う人同士の交流を産み，つながりから生まれる受容されたという

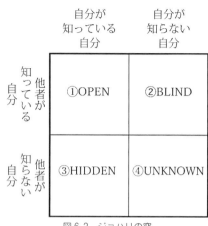

	自分が 知っている 自分	自分が 知らない 自分
他者が知っている自分	①OPEN	②BLIND
他者が知らない自分	③HIDDEN	④UNKNOWN

図6.2　ジョハリの窓

体験が，児童・生徒たちのかかわろうという意欲を高め，このかかわりにより，自分とは何か，他者とは何かを考えるきっかけを産み，自己理解と他者理解を促進する効果がある。本音と本音の交流を促されると，メンバーのさらなる理解が深まり，より一層受容的な文化をクラスに創造できる。

　このような対話の文化を根付かせ集団づくりを行うワークショップを実践するには「ジョハリの窓」という人間関係における気づきのモデル（Joseph Luft 1963）が有効である。

　このモデルは自分が「知っている自分−知らない自分」という縦軸と，他人に，「知られている自分−知られていない自分」という横軸によってつくられるマトリックスである（図6.2）。この4領域は下記のように説明できる。

① OPEN（開放の領域）：私の言動とそれらが意味するところが，自分にも他人にも明らかな領域である。お互いがこの領域でかかわるとき，私たちは互いに自由にありのままにふるまえる。

② BLIND（盲点の領域）：私にとってはとるに足らなかったり，あるいは気づいていない感情や言動だが，他者にははっきりと気づかれている領域である。

③ HIDDEN（隠している領域）：私が他人には隠している知られたくない感情，思考，価値観，経験といったことを含む領域である。

④ UNKNOWN（未知の領域）：私にも他人にもわかっていない領域である。過去の埋もれた経験や潜在的な能力や可能性が含まれている領域である。

　私たちはこれら4つの窓を通してほかの人たちと人間関係をもつ。図6.3に示すように「ジョハリの窓」は人間関係の変容モデルでもある。クラスづくりの重要なゴールは，集団として第一領域が広がることである。児童・生徒たちは他人に流されることはなく，信頼関係のなかでそれぞれが自分らしくふるまえ（つまり自己疎外からの脱却），自分を変えることができる可能性に気づき，自分の人生を引き受けるという責任性を自覚できるようになる。学習内容を互いにシェアし深めることもできる。では，第一領域を広げるにはどうしたらよいのか。それには自己開示とフィードバックが有効なチャンネルとなる。自己開示とは，己の感情，思考，動機などを率直にメンバーに伝えることであり，フィードバックとは，相手の盲点について，具体的，記述的，没評価的な方法で気づかせてあげることである。この自己開示とフィードバックの関係はgive and take の関係である。

　ワークショップは，さまざまな関係性レベルを考慮した実習（体験型の学習）を開発してきた。4月であれば，クラスのなかで自分を出すことができるのか，安心して学校生活を送ることができるのか。子どもたちはレーダーを働かせるかのように周囲を観察している。そこではアイスブレイクという実習が有益で

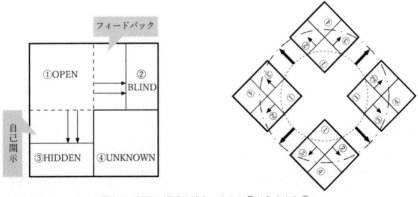

図6.3　OPEN 領域の拡大―小さな①から大きな①へ

ある（たとえば，三浦一朗　2002）。笑顔があふれ，人となりがつかめる実習，軽い身体接触のある実習を通し，クラスメンバーの間に，「なんだかよいメンバーだなあ」「ここでやっていけそう」「受けとめられている感じがする」「教室に一体感がうまれた感じ」という感情をもたらす。

　この受容体験はクラスづくりの基盤となる。その受容体験を活かすクラスづくりを児童・生徒とともに考えたい。「どのようなクラスを創りたいのか」「そのために一人ひとりは何ができ，何をすべきなのか」という目標を児童・生徒ともにつくる実習も展開することが可能である。

　深い自己理解と他者理解をめざし，たとえば，「ジャーニーマップ」「相互インタビュー」という実習により，自分の過去の経験をふりかえり，それをクラスメートと共有することもできる。そのつど，「傾聴」という態度をメンバーが実践しているかをフィードバックしあっていくことが大切である。

　語り合うこと，わかり合おうとすることの心地よさを体験した児童・生徒は，より自由度の高い「ワールドカフェ」や「アプリシエイティブ・インクワイアリー」などのホールシステム・アプローチを経験することで[10]，相違のなかの共通点を見いだしたり，多様な価値観の擦り合わせから新たなものを産みだすという，ときにしんどく，ときに暖かい経験も積み重ねることができる。「ベーシック・エンカウンター・グループ」を取り入れクラス内でさらに深いレベルで交流を起こす実践も行われている[11]。

　クラスで対話文化が根付けば実習「どのような大人になりたいのか」「『未完の行為』の完成」などで，クラスメートと自分の本当の思いや願いを語り－語られる関係が創出できる。クラスへの帰属意識が高まり，クラス内で起こる問題を児童・生徒自身が対話により自ら乗り越えることができるクラスとなる。

　ところで勇気をもった自己開示やフィードバックが，嘲笑されたり，否定されたりする関係では，ワークショップは逆機能的に働く。このことを実践者は肝に銘じクラスが安心・安全であるかを常にみ（観る・診る）なければならない。

4 学習を促進するファシリテーション

　教師がファシリテーションの魅力に取りつかれると，授業観に転換が起こる。一方的に子どもたちに知識を伝達し，それを記憶させるという授業スタイルに満足しなくなる。授業は，知識を吸収する場だけではなく，自分（たち）はどうあるのか，どうあるべきなのかというアイデンティティにかかわることを問い，語りあえる対話の場となる。

　それにはディープアクティブラーニングという概念が鍵となる。これは内的活動における能動性と外的活動における能動性を重視した学び方である。身体的に活発にみえるだけで知的に活発な学びが起こっているかをおざなりにしているアクティブラーニングへの批判が込められている（松下佳代　2015）。ビックスとタングは，学習への深いアプローチは学習活動に対して「ふりかえる」「離れた問題に適用する」「仮説を立てる」「身近な問題に適用する」「論じる」といった反省的で高次の認知機能をふんだんに働かせている学び方が必要であるという（Biggs & Tang　2011）。

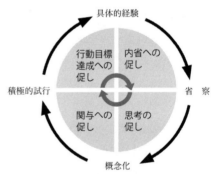

図6.4　経験学習のサイクル
出所：David Kolb　1984 より一部修正

　こうした学びは，ワークショップとファシリテーションが理論的基礎としているコルブ（David Kolb 1984）の経験学習論（図 6.4）が示唆を与えてくれる。経験学習の学びのサイクルは，4つのステップからなり，ファシリテーターとしての教師は，各ステップに応じたかかわり方で学習者に学びを促す。

（1）ステップ1：具体的経験を励ます

　教師は児童・生徒の様子，クラスやグループ，学校全体の状況から学習のねらいを設定し，学びを計画していく。授業は言うに及ばす学級活動（ホームルーム活動），児童会（生徒会）活動，学校行事などを含む学校生活のすべてが

学びの宝庫となる具体的経験である。次のように励ましが学習者の挑戦を引き出す。

・ファーストペンギンは誰かな。

・失敗こそ学びの宝庫だ。

（2）ステップ2：省察を促す

経験だけでは学びとはならない。それを学びに昇華するには，その経験の過程で児童・生徒が何を感じ，何を考えたのかを「ふりかえりシート」や「ジャーナル」（吉田新一朗　2006）を用い言語化することが必須である。文字化したものを手元におきその経験を小グループで対話することは，ただ聴くだけ，活動しているときだけのときにはあまり働かせていなかった認知機能を働かせ，学びのプロセスを外化することになる。

こうした省察には，自らの言動を吟味するミクロレベル，所属する組織の文化や構造を問い直すメゾレベル，社会システムやそれを支える文化の側面から起こった出来事を問いかけるマクロレベルという3つのレベルがある（武田信子他　2016）。教師は，この3つのレベルの省察が起こるようにファシリテートしたい。たとえば，以下にあげるような教師による問いかけが省察を深める。

・今学んだこと，体験したことのなかで，気づいたこと，考えたことは。

・今の学びや体験は，私たちにどのような影響を与えていくだろうか。

・私（たち）の考えや行動選択に影響を及ぼしているものは何か。

・私（たち）の言動は他者や社会にどのような影響を及ぼしているのだろうか。

（3）ステップ3：概念化を促す

一人ひとりが省察したことをメンバーで共有し深い対話することで，ステップ3の概念化に進む。教科通信，クラス便りや委員会通信のような紙媒体を使い，メンバーがそれぞれ何に気づき，何を感じ，何を考えていたのかを共有し，学びを進める方法もある。プロジェクト・アドベンチャーが開発した「メモリーゲーム」という手法も有効である。「メモリーゲーム」とは活動中に何が

起こり，何を感じ考えたのかをメンバーが覚えていることを出しあいグループ
プロセスから学ぶ手法である。

　このステップでのファシリテーションの留意点は，〈良い－悪い〉（成功－失
敗）といった言動での評価次元にとどまらないようにしなければならない。

　一人ひとりのメンバーやグループやクラスがとったふるまいの背後にある理
由や意味までもふりかえる手助けをしたい。そのうえで，この経験から得た学
びを一般化し，同じような場面に遭遇したときに活かせるような学びに高める
ように促したい。そのための働きかけとして次のような介入方法がある。

・ほかにどのような行動選択がありえたのだろうか。

・その選択をしなかった（できなかった）のは何があったからか。それはどう
　してなのだろうか。

・同じような場面に遭遇したとき，私（たち）はどういう言動をとりがちなのか。

・理想的な行動選択をするには，どのようなことが必要なのだろうか。

（4）ステップ4：積極的試行を励ます

　学びの省察と共有を活かし，個人やクラスが成長するために，そして社会が
善くなるには何を行うのかを考える段階がここである。行動目標を立てるにと
どまらず，それを実現するために一人ひとりは何をすべきか，どのような条件
整備を行えばよいのかと具体的な行動計画を立てる。立てられた行動計画が今
後生活のなかでどのように展開しているのかを，ふりかえることも促したい。
これにより学びの螺旋はさらに一段階上がる。

　教師の次のような言葉かけが目標の具体化を促進する。

・今の私の課題とクラスの課題とは何か。

・よりよい未来を創るために，私（たち）は何ができるのか。

・よりよい未来を実現するために，私（たち）は何をすべきか。

5　交流し対話することの意義とは

　ファシリテーションが紡ぐ交流や対話することを核とした学校教育の意義に

ついて，これまでふれなかったことを指摘し，本章の終わりとしたい。

（1）つながりが産む効果

　教師と子どもたち，子どもたち同士に豊かな関係性を紡ぐことは，学力の下支えをもたらす。そして，そのつながりは卒業後も若者にとって貴重な社会関係資本となる。

　志水宏吉ら（2012）が2008年に5つの政令指定都市の小学校100校の6年生とその保護者を対象にアンケートを実施し，そのデータと児童たちの全国学力テスト結果を接合した工夫を試みた調査がある。これによると，子どもの学力には「親の経済資本」「親の文化資本」「親の社会関係資本」と「子どもの社会関係資本」が寄与している。「親の社会関係資本」と「子どもの社会関係資本」とは相関関係がみられるが，「子どもの社会関係資本」と「親の経済資本」との間は無相関である。子どもをとりまく家庭，学校，地域での人間関係が豊かであれば，その子の学力が保たれるということが本章の文脈で注目すべきことである。すなわち教師がファシリテーションにより，受容的なクラス文化を立ち上げ，児童・生徒たちが互いに高め合い学びあうクラスづくりと授業づくりを行うことに加え，保護者会や地域とのつながりづくりにも効果的である。こうしたつながりが，問題をかかえる環境にある子どもたちの学力の下支えを可能とする。

　ファシリテーションは学力形成にとどまらない。乾彰夫ら（2006）が2002～2003年にかけて2つの東京の公立高校の3年生と卒業1年後にインタビュー調査をした研究がある。卒業後フリーターとなった3名が，高校3年間でつくられたクラスや部活動や趣味などの関係を卒業後も楽しく遊ぶだけのものでなく，悩みを打ち明けたり支えとなるネットワークとして活用されている。とりわけ教育困難校の生徒たちにとって，高校時代につくられた関係は，卒業後に寄る辺となるネットワークを豊かにする。さまざまな困難をかかえた生徒が入学してくる教育困難校であればなおさら，教師がファシリテーションを学び，生徒同士，生徒と教師との関係を丁寧に創り上げることが，卒業後の若者たち

が，いつでも相談に帰ってこれる母校となり，それがかれらのセーフティネットとなるのである。

（2）民主主義のツールとしてのファシリテーション

　筆者のゼミ生が2018年6月に都内の私立高等学校の1・2年生に「会議やミーティングの困りごと」についてグループインタビューを試みた。そこでは「一部の意見が尊重される」「多数決に納得しない／できない」「人任せの参加者がいる」などがあげられた。会議の悩みは高校生も大人も変わらないことがわかる。

　「会議を見直すことは，組織の文化そのものを見直すことにつながる」と会議ファシリテーターの青木将幸（2012）は指摘する。クラス会議のあり方を見つめ直すことは，クラスの文化そのものを再考することにつながる。ファシリテーションは，対話をベースとした参加の仕方を整え，意見と感情の扱い方を区別し，考えを広げたり，まとめあげる手法を多数開発してきている。

　私たちがまちがった判断をしないためには，「自分の利害」から抜け出て「私たちに何が必要か」という公の次元での理性的判断こそがその根本である。理性的判断を成り立たせるには情報の公開と対話による熟慮が満たされるべきである。

　私たちがもつ意見は，過去の思考や経験の記憶からつくられた想定である。人は自分と意見とを同一視し，意見が批判されるとあたかも自分が否定されたかのように感じ，守ろうと反応する。対話するには，さまざまな人の意見に耳を傾け，自分の意見と他人の意見を前に掲げて，それらがどんな意味なのかよく吟味しなければならない。自分の想定に拘泥せず，参加意識をもち，コミュニケーションを取りあい，共通の意味を分かちあい，「創造的な新しい方向」（デヴィット・ボーム　2007）へ動きはじめるのである。

　静かな対話に理性的な判断を学ぶ機会こそ学校が果たさなければならない。ファシリテーションを学ぶということは，民主主義の力を養うことである。

深い学びのための課題

次の事例を読み，①～③に対する各自の考えを仲間と共有し，その対話を通して起こる気づきをまとめよう。

〈事例〉T教諭は高校2年の担任（日本史）である。

その日は2学期の連休明けの1時間目の授業だった。自身が担任している2年C組は，最近落ち着きのないクラスである。生徒たちがざわついているなか出席を取っていると，「あー『日本史』ダリィー」と大きな声で話しながら，1学期赤点をいくつかとっていて学校に気が向いていないA男ら4人が教室に入ってきた。T教諭は，いら立ちを覚えたが，気を取り直して授業を進めた。

小さなおしゃべりがクラスのあちらこちらで交わされ，落ち着かない雰囲気だ。T教諭は「まったく…」と徒労感に襲われた。A男ら4人組は，教科書こそは出したものの，休み中の出来事で盛り上がっている。たまりかねて注意をすると，「(話しているのは)俺たちだけじゃない」「なんで俺たちばっかり注意するんだ。ひいきするなよ」と反発してくる。何度目かの注意により，A男らにシャープペンシルを出し，ノートをとらせることに成功したように思えた。しかしA男はトイレットペーパーにメモしていたのだった。T教師は思わず，「ふざけるな！　どういうつもりなんだ！」と声を張り上げた。A男はにやにや笑いながら，「書けと言っているから，書いているんだろ。なにか？」とニヤニヤ笑いながら立ち上がった。周りの生徒も「A男は誰にも迷惑かけてないだろう。なにキレてんだよ」と茶々を入れてきた。

①あなたがT教諭なら，このあとA男らとクラスにどのような指導を展開しますか。
②あなたなら下線の言葉に対してどのような言葉をかけますか。複数あげてください。
③私語への対応策を考えるうえで，公と私の基準とはどこにあるのかは外せません。あなたはその基準を生徒にどのような言葉をもって教えますか。

注
1）カール・ロジャーズ（2001）「十分に機能する人間―よき生き方についての私見」H. カーシェンバウム & V. L. ヘンダーソン編『ロジャーズ選集（下）』誠信書房，191-204頁。
2）教師がこれら3つの条件を身につけるまでには，長くて厳しい道がある。というのもある学習目標に向けて集団を統制して指導しその成果を評価するという教師の仕事の特徴ゆえに，子どもたちとの関係のなかで，教師として好ましくない気持ちが沸き起こり，それを抑圧してしまうことはよくあることである。また子どもたちの表面的な言動に惑わされ，彼らが「よくなろう」とする動きをもっていることを見失ってしまう。たとえば，異装や化粧も「よくありたい」という表現と捉えられるが，校則を守らせるという任務ゆえに頭ごなしにしか注意できなくなってしまうことがある。カール・ロジャーズ「クライエント・センタード／パーソン・センタード・アプローチ」カーシェンバウム＆ヘンダーソン編，同上書（上），162-185頁。
3）カール・ロジャーズ，同上書（上），166頁。
4）近藤邦夫（1995）『子どもと教師のもつれ』岩波書店。
5）カール・ロジャーズ「学習を促進する対人関係」カーシェンバウム＆ヘンダーソン編，同上書（下）。

6）星野欣生・柳原光（2001）『新版 Creative Human Relations 小講義集 005　人間関係トレーニングジャーゴン集』プレスタイム。
7）中川米蔵（1994）『医療のクリニック』新曜社，341 頁。
8）E. H. シャイン（2002）『プロセス・コンサルテーション』白桃書房。
9）和田信明・中田豊一（2010）『途上国の人々との話し方』みずのわ出版，51 頁。
10）ホールシステム・アプローチとは，できるだけ多くの関係者が集まり自分たちの課題やめざすべき未来について対話する手法の総称である。たとえば，香取一昭・大川恒（2011）『ホールシステム・アプローチ』日本経済新聞社。
11）大島利信（2011）「小学校におけるベーシック・エンカウンター・グループの可能性」伊藤義美・高松里・村久保雅孝編『パーソンセンタード・アプローチの挑戦』創元社。

引用・参考文献

青木将幸（2012）『ミーティング・ファシリテーション入門―市民の会議術』ハンズオン！　埼玉出版部

乾彰夫編（2006）『18 歳の今を生き抜く―高卒 1 年目の選択』青木書店

カール・ロジャーズ（2001）「学習を促進する対人関係」カーシェンバウム＆ヘンダーソン編『ロジャーズ選集（下）』誠信書房

志水宏吉・高田一宏編著（2012）『学力政策の比較社会学・国内編』明石書店

武田信子・金井香里・横須賀聡子編著（2016）『教員のためのリフレクション・ワークブック』学事出版

デヴィッド・ボーム／金井真弓訳（2007）『ダイアローグ―対立から共生へ，議論から対話へ』英治出版

土井隆義（2004）『「個性」を煽られる子どもたち―親密圏の変容を考える』岩波書店

中川米蔵（1994）『医療のクリニック』新曜社

中田豊一（2015）『対話型ファシリテーションの手ほどき』認定 NPO 法人ムラのミライ

パウロ・フレイレ／小沢有作他訳（2011）『被抑圧者の教育学』亜紀書房

平田オリザ（2012）『わかりあえないことから』講談社

松下佳代・京都大学高等教育研究開発推進センター編著（2015）『ディープ・アクティブラーニング』勁草書房

三浦一朗（2002）『楽しいアイスブレーキングゲーム集』（財）日本レクリエーション協会

吉田新一朗（2006）『「学び」で組織は成長する』光文社

鷲田清一（2006）『「待つ」ということ』角川学芸出版

和田信明・中田豊一（2010）『途上国の人々との話し方』みずのわ出版

John Biggs & Catherine Tang（2011）*Teaching for quality Learning at University 4th edition*, Society for research into Higher Education & Open University Press

Joseph Luft（1970）*Group processes An Introduction to Group Dynamics*, Mayfield Publishing Company

Kolb, D. A.（1984）*Experiential Learning*, Prentice-Hall

　効果的な学びのためには，自らのイニシアティブで活動を計画，推進，評価する経験の積み重ねが重要である。教師には，活動の内容の支援のみならず，活動全体を振り返り，客観的なに自己評価ができるような支援が求められる。オランダでは，幼少期からこうした活動が随所で取り入れられている。

（1）目的志向で考えることの必要性とむずかしさ

　各界で活躍する大人たちが母校を訪れ特別授業をするというテレビ番組がある。アニメ映画プロデューサーの鈴木敏夫氏が出演する回では，母校である小学校に赴き6年生を対象として特別授業をする様子が放映されている[1]。

　この授業の主題は「伝わる地図を描く」である。鈴木氏は子どもたちに「小学校からおよそ徒歩15分圏内で行けるどこか任意の場所（駅や公共施設など）までの地図」をスケッチブックに描くように課題を出す。

　この課題における鈴木氏のねらいは，相手に情報を伝えるために必要とされる的確な情報表現の重要性に気づき，体得してもらうことである。しかしながら，子どもたちはなかなか鈴木氏が満足する地図を描くことができない。筆者もこのシーンにアイデアを得て，大学生向けに同様の課題を出したことがあるが，大学生といえども十分といえるような地図が描けているケースは必ずしも多くなかった。地図を描くということは一見簡単そうに思えるものの，情報表現に関するさまざまな技能が備わっていなければ描くことができないからである。それは描画の機能だけではなく，物事を順序だてて考えること，情報を必要なものと不必要なものに整理すること，そして一番重要なことは「他者が見たときの再現性を備えること」である。言い換えるならば，自分が意図したと

おりに相手に情報が伝わり，「相手がそのとおりに手順を再現できるように情報を組み立てる」発想ができるかである。

「他者が見たときの再現性」が発想できるかは，アイデアが豊かかどうかでも，地理感覚があるかどうかの問題でもない。出発地点から到着地点までの行程全体を見渡して行動を客観的に管理できる技術である。この要素は，本章の主題である「企画すること・運営すること」に通じている。

番組内では，鈴木氏が映画プロデューサーとして活躍する様子も紹介されている。映画の公開日に間に合うように決められた時間内で，かつ高い品質で映画作品を仕上げなければならない使命を負ったプロジェクトマネージャーとして，人を束ね協働的な仕事を差配している姿である。

企画すること・運営することに長けた敏腕プロジェクトマネージャーが，子どもたちに「伝わる地図を描けるようになる」ことを求めるのは，企画すること・運営することの技術が，地図を描く技術と本質的な部分で重なり合っているということを言いたいのだと思われる。

教室のシーンでは，子どもたちがスケッチブックに地図を書いていく様子を見ることができるが，多くの子どもたちに共通する描き方がある。それは，スタート地点から道順をたどりながら一手順ずつ描いていく様子である。「まず学校の門を出て，右に向かってまっすぐ進む」，次に「一つ目の角を右に曲がって進む」といったように，目的地にたどりつくまでの経路を自身のなかで再現しつつ，その情報をつど手元に書き留めていくというように地図を作成していくのである。

こうしてできあがった地図の多くは，目的地までの経過は記されているものの，縮尺がちがっている，十字路が丁字路になっている，あるいは書ききれずに紙面からはみ出して尻切れになっているなど，地図情報としてはおよそふさわしくない仕上がりである。道を知っているはずの子どもたちが，なぜこのような描画になってしまうのだろうか。先ほどの鈴木氏の考えを発展させていけば，この課題の本質が，企画すること・運営することを習得することの課題の本質にもつながるということになる。

鈴木氏は，子どもたちに例示するように，黒板に地図を書き示していく。彼が最初に描画するのは，出発地点と到達地点，その次に描くのは，途中経路上にある主要な交差点である。およそ地図を描きなれた人であれば同様の手順となるのであろうが，この描き方の手順は，鈴木氏の仕事でもある「プロジェクト管理」，つまり企画・運営の方法論に従っている。

　プロジェクトとは，複数人で協力しながら，ある一定期間内に成果を出す活動のことである。学校教育の場面でも Project Based Learning（プロジェクト学習）などで知られている用語であり，もちろん，ビジネスシーンでも複数人で協業する場面において多用されている。こうしたプロジェクトを効果的に企画・運営する方法論が「プロジェクト管理」（「プロジェクト・マネジメント」とも称される）である。

　プロジェクト管理には，基本原則がいくつか定められているが，そのなかでもとくに重視されることの 1 つに「開始」と「終了」を明確にすることがあげられている。終了を明確にするということは，目標・目的を明確にするということを意味する。私たちはどの地点からスタートし，どの地点まで行くのかをプロジェクトに参加するメンバー全員で共有し，そこに向かってスタートを切る。しかし，この「目標」や「目的」を的確に設定することは，なかなか一筋縄ではいかない。

　先の番組のシーンに戻る。鈴木氏の授業は，翌日に続けて行われることになった。子どもたちには，宿題として実際に現地を視察してくるように伝える。子どもたちは自分たちの足で情報を集め，翌日には紙面の限界まで細かく描写した地図を提出する。

　積み重なったスケッチブックのなかで，鈴木氏の目に留まったのは詳細で，美しく描かれている地図ではなく，「あえて遠回りをした道順を提示している地図」であった。鈴木氏がその子に理由を尋ねると，「そのほうがわかりやすいから」いう回答である。そこで鈴木氏がほっととした表情をするのであった。「この子は，地図を描く目的が理解できている」という意である。地図を描く目的は，知りうる地理情報をできるだけ詳細に描写することではない。それ

は，今の時世であれば，インターネットを使えばいくらでも調べられる。重要な点は，「なぜ地図を必要としているのか」という考えに至るかである。つまり，地図を描く目的は，「この地図を手にした人が目的地にたどり着くために描くのであって，そのための"手段"として地図情報をわたすのだ」という趣旨である。この目的志向性ともいえるのが，子どもたちにとってプロジェクト管理と，地図を描くこととの課題が本質的に重なり合う部分の1つであり，なかなかたどり着けない発想だといえるだろう。

　この考えにさえ至ることができれば，おそらく「他者が見たときに再現できる」地図が描けるようになるだろう。そのためには，鈴木氏，つまりは教師が子どもたちに働きかけなければならないことは，なぜ地図が必要なのかという，地図を描く「目的を意識させること」である。地図を描くための細かい技術は，その次の話である。

（2）プロジェクト管理と特別活動

　企画・運営の方法論を示したプロジェクト管理においても，まず終了地点を明確にすることが求められる。その終了地点が明確になれば，そこにたどり着くための道筋も明確になる。終了地点があいまいであったり，あるいは取りちがえてしまっていると，途中の行程（工程）も迷走することになる。

　プロジェクト管理の方法論は，もちろんスタートとゴールを決めるだけのものではない。スタートからゴールに至るまでのプロジェクトの進捗を管理することも重要なポイントとなる。先の地図の例では「主要な交差点」と表記したが，プロジェクト管理ではゴールに至るまでの主要なポイントには「マイルストーン」と呼ばれるチェックポイントを設けることになっている。ゴールにたどり着くまでの間，この地点に到達したらいったん状況をチェックするというポイントをあらかじめ決めておき，うまくいっているかどうかのレビューを行うのである。

　鈴木氏が示した地図の見本は，目標を明示し，さらにマイルストーンを設置することという2つの考え方が反映されている。これが地図を描く技術と，企

画運営する技術が重なり合うといった所以である。

　特別活動もまた，プロジェクトの性質をもった活動の1つであるとみることができる。したがって，プロジェクト管理の方法論が援用できるであろうし，よりよい特別活動を経験してもらうために，子どもたちが目標（めあて）をもち，自らが学習計画や活動計画を立てて実行する技術，つまりプロジェクト管理の技術を身につけるとよいのではないか。

　特別活動は，次のような点でプロジェクト活動と類似する点がある。①比較的長期にわたる活動が多いこと。つまり長期的な計画を立て，途中で振り返りや見直し（マイルストーンを設置）しながら進める性質のものであること。②複数人での活動を伴うこと，③活動のねらいがあり，目標志向性で活動することが望まれること，④チームや個人にイニシアティブをもたせ，つまり活動を子どもたちの思うように任せ，かつ自律的な活動を必要としていることなどである。

　これらの要素はビジネスシーンにおけるプロジェクトチームでの活動と状況が非常に似ている。それがゆえ，特別活動の効果的な実践に向けては，これまでにも述べてきたようにプロジェクト管理の考え方に多くのヒントが得られそうである。

　プロジェクト管理では，開始と終了を明確に定義することが求められるということを述べたが，開始と終了を定義しなければならないのは，目標を明確に定めるということ以外にも理由がある。それ以外にあげられる1つ目の理由は，結果に責任をもつようになることである。先のいい方と重ねれば，子どもたちにイニシアティブをもたせるということである。ここでいう責任とは，成果物の良し悪しという意味も含まれているが，より強調されるべき点は，成果を出すまでの過程を自分たちの力でやり遂げる責任をもつということである。さらにいい方を変えれば，自分たちの責任範囲が明確になるということである。そして，その責任範囲を超える部分については，教師が責任を取るということを同時に意味している。プロジェクト管理では，オーナーというような言葉を用いるが，平たくいえば最終責任者の存在である。最終責任者のもとに，さらに

任された範囲で責任をもって主体的に取り組んでいくという関係性がつくられるのがプロジェクトを成功させるために求められる体制である。

　活動に主体的に取り組んでほしいというのが教師としての願いであろうが，それを実現するためには，単なる第三者的に立っている支援者としての存在ではなく，自身が最終責任をもつ「ボス」として，大きな方向性を示していく存在としての役割も求められるのである。

　さらに，もう1つ理由をあげるとするならば，プロジェクトが定義されることによって，このプロジェクトではカバーされない範囲，つまりやらない仕事も明確になる。誰かがやってくれると思っていた，そこは自分たちの仕事ではないと思っていたなどといった事態が噴出することは，共同作業を進めていくなかで往々にして出てくる問題である。プロジェクトを明確に定義することができれば，裏を返すとそこに定義されていないことは行わないということも決めることになる。それが早い段階で露見すれば，自分たちで気づけなかったとしても，オーナーが計画を見直すように指示することができ，最終成果の段階で残念な思いをせずに済むことになる。

　チームの活動であることを意識した際には，プロジェクト管理の考え方においても重視され，それゆえ方法論が充実しているポイントが，役割分担に関することである。適切に役割分担を行うことはメンバーとプロジェクト（の仕事）とを結びつけ，貢献意欲を導くため手がかりであり，また成果の質や納期（プロジェクトが終わるまでにかかる時間）を左右する重要な要素である。プロジェクト管理では，プロジェクトのゴールを決めたのち，役割分担や業務設計にはプロジェクトチームの全員が参加し，相当の時間をかけて検討がなされる。実際に活動している時間よりも，設計に掛ける時間のほうが長いこともしばしばである。しかし，それを行わなかったことによる失敗を経験している人は，ここでの検討状況次第で，その後のすべてが決まってしまうといっても過言ではないほど重要な段階であることを心得ている。そのため，この段階に時間をかけることをいとわない。繰り返しになるが，ここでの判断ミスは，仕事の遅れや成果の質が低下するのみならず，メンバーの参加意欲にまで影響が及ぶ。

実際の子どもたちの活動場面に置き換えると，たとえば，活動の途中で参加していない子が出たり，活動がしょっちゅう停滞するような場合もあるだろう。そのときは，上述した役割分担や活動内容の洗い出し，あるいは順番などの業務設計が不十分なことが疑われる。その場合は直接的な手出しをせずに，いったん立ち戻って，なぜこのような状況に至ったのかの理由を考えさせるとともに，役割分担の見直しをするように促しをしたほうがよいだろう。教師の知恵で，その場をうまく凌ぐアイデアを提供して先に進めたとしても，また早々にどこかで同じ状況に遭遇する可能性が高い。そして，「先生，次はどうしたらよいですか」という典型的な質問とともにそのつど教師のアイデアに依存するシステムができ上がってしまう。その期に及んで「自分たちで考えろ」といってもあとの祭りである。なぜならばかれらはまちがっている地図を手にして道に迷っているからである。早々に地図を書き直さないと，また道に迷う羽目になる。

　したがって，ビジネスシーンにおいてプロジェクトチームにどのようなメンバーが集められるか，あるいは誰がプロジェクトのリーダーになるかということは，プロジェクト開始時点での最大の関心事である。そのこといかんで，プロジェクトの成否が大きく左右される。そのため，一般的にいうと，あらかじめ必要な専門性をもった人物がメンバーとして選出されるため，役割も自ずと明確になってくるものだが，しかし，学校現場でプロジェクトに取り組む場合には，そうした「選任」によってチームが編成されることはあまり考えにくい。それゆえに，仲がいいからとか，あるいは教師から指示されたからといった理由でチームが編成されることになる。したがって，それぞれのメンバーがどのような役割を果たすかについて当初は不明確である場合が多い。その場合には，これまで述べてきた役割分担や業務設計は，より慎重に時間をかけて行うべきであるということが想像できるだろう。プロジェクト管理では，この点をあいまいにしたままスタートすることはできない。それぞれの得意不得意などの要素を検討し，また，プロジェクト全体の仕事を洗い出したうえで，誰が何を担当するかを決めてから仕事に着手する，それが，フリーライダー問題を防ぐこ

とにもつながるし，特定の人物に仕事が偏ったり，あるいは仕事をつかんで離さないという問題を防止または緩和することが見込めるのは，繰り返し述べているとおりである。

　加えて，役割分担を決めることは，そのまま「仕事の順番」を決めることにもつながる。チームで活動する際に常に問題になることはメンバー間の連携であろう。メンバーの連携は，仕事の連携と同義である。情報交換や意思疎通はもちろんのこと，プロジェクトを進めるにあたっては，「作業の依存関係」にも敏感でなければならない。これを役割分担の話と組み合わせると次のようになる。たとえば，Ａという仕事に１という労力と１という時間がかかり，Ｂという仕事にも１という労力と１という時間がかかるとする。この場合，この２つの工程が終わるまでに，２という労力と２という時間がかかるという計算となる。もし，この２つの工程が同時並行的に取り組むことができた場合には，２という労力がかかることにちがいはないものの，かかる時間は１で済む。しかし，ＡとＢは同時進行することができず，Ａが終わらなければＢの仕事に着手できない場合，完成させるまでには，少なくとも２の時間がかかることとなる。Ａの仕事をしているあいだ，Ｂはそれを待たなければならないからである。

　役割分担をするときには，このように得意不得意やかかる時間，仕事の依存関係などが絡み合う複雑な方程式を解くことが必要となってくる。そこで，この方程式を解いて計画を立てられるようになるために，子どもたちにどこまでの情報（ヒント）を提供するのかを教師が判断しなければ（枠組みをつくらなければ）ならない。

　このようなことがあるから，プロジェクト管理では，この役割分担や仕事の順番を「見える化」しなければならないことになっている。そのためのツールがあまた開発され，活用されている。この「見える化」の方法論が，学校におけるチーム活動においても陥りがちであった課題にも有効に機能するようである。この「見える化」については，また後程詳しく述べる。

　以上，プロジェクトチームと特別活動とを重ね合わせた際に活用ができそう

な，プロジェクト管理の方法論を検討してきた。肝心なことは，これらのことを活動しはじめるよりも前に，子どもたちが自分たちで決めておかなければならないことである。

（3）まずは自身の管理ができるようになること─オランダの実践から

より効果的なプロジェクト活動を営む，つまりより効果的な特別活動の取り組みを実現するためには，ここまでに紹介してきたようなプロジェクト管理の知識や技能を子どもたちに身につけさせるとよさそうである。しかし，上述のようなビジネスシーンで用いられているようなプロジェクト管理の方法論を，そのまま子どもたちに示したところで，おそらく理解し，活用することは困難であろう。

では，子どもたちにどのようにしたら，プロジェクト管理の考え方や方法論，つまり企画すること，運営する力を身につけてもらえるだろうか。その答えを，オランダの教育実践からヒントを得てみたい。

オランダの子どもたちは，幼少期から[2]チームでの活動に限らずさまざまな学習活動の場面で「計画することを学ぶ機会」が与えられているように評することができる。

具体的な一例を取り上げると，図7.1や図7.2に示したものは，子どもの1週間の学習計画表を模したものである。オランダの多くの学校では，子どもが自分自身で学習計画をつくるという活動が取り入れられている。そして，学習計画をつくるためのツールは多様に存在するが，一例をあげると，このような学習計画表が利用されている。図7.1が低学年（4～6歳くらいまで），図7.2は高学年（9～11歳）用である。自身で計画できる裁量が，高学年になるにしたがって増えている。この表の見た目（フォーマット）が学校によってさまざまだが，ねらいとしていることは共通している。

子どもたちは，この表を使って自分で学習計画を立てていくのである。ここでかれらは，その週を通じての自身の到達目標や到達水準を決める，その目標を達成するように1週間分の学習計画を編成する（表に書き込む）。到達目標や

図7.1　低学年クラスでの学習計画表のイメージ

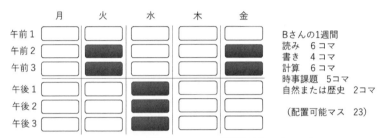

図7.2　高学年クラスでの学習計画表のイメージ

到達水準は，それまでの学習活動をふまえながら子どもと教師との間で相談して設定される。学習の特性や得意不得意が自分自身で自覚できるようになってからは，目標の設定は子どもたちにより委ねられるようになる。その後，目標を達成するために必要な学習材料（学習内容）が教師から提供され，子どもたちはその与えられた材料を組み合わせて計画を編成する。

　このような計画は，週末か翌週の当初に作成され，以降子どもたちはその計画に沿って学習（低学年であれば遊びの要素も含む）に取り組んでいく。立案された計画が予定どおり実行されたかどうかについては，毎日レビュー（振り返りと見直し）をすることが求められるとともに，一週間終了時点でも週全体のレビューが行われる。

　レビューでは，まずは自分で進捗評価（自己評価）を行う。評価は計画と一体となっているという考え方であるから，低学年のうちは，せいぜいよかったか／よくなかった程度のものであるものの，それでも自己評価を先にすること

が徹底される。この計画，実行，評価のプロセスが，先に取り上げたプロジェクトの考え方と一致するところである。責任範囲が明確になると先述したが，一週間の学習を自分自身で計画し実行するように教師から「任された」のであるから，結果に対する責任も自分で負うという考えにもつながる。したがって，教師が評価するのではなく，自分が評価するという考えが自然なのである。

　レビューの内容は，難易度が高くなると（つまり学年が上がってくると），よかったか／よくなかったかではなく，"計画どおりに実施できた，その成功要因はこれである"あるいは，"計画どおりできなかった，その理由は過程にこのような問題があったからである"というように学習活動全体を評価することができるようになる。そうなると，次には「そういう結論に至った根拠や証拠」を提示することが要求される。つまり，自分自身の学習プロセスを客観的に評価することが要求されるのである。最近の学習理論に沿っていえば「ポートフォリオを作成する」ことが要求されているのである。教師は，その自己評価の内容，ポートフォリオを見ながら，その内容が妥当かどうかのフィードバック（評価）を行っている。計画どおりに実行できなかった場合には，教師と一緒にそれがなぜなのかを考え，その反省は「次の計画」に反映される。いわゆる PDCA サイクルが日常的な活動のなかに埋め込まれているのである。

　こうした学び方をしていく子どもたちに対して，教師が果たす役割はこのサイクルが進んでいくことを支援することである。子ども自身が見通し（責任）をもって取り組むことを重視しているため，プロセスの詳細に教師は原則として介入しない。それでは，「最後は先生が手伝ってくれる，なんとかしてくれる」という考えをもってしまうことにもつながりかねないからである。そうすると，子ども自身が立案した計画であったとしても，結局は教師の都合で変更されてしまうという状況が生み出されてしまう。それでは，子どもたちの自律性が失われてしまうことにつながってしまいかねないのである。

　したがって，教師の役割は活動自体に直接介入するのではなく，その計画の実施状況を俯瞰しながら確認するように子どもたちに働きかけを行う。冒頭の鈴木氏の事例でいうならば，「この地図は何のために描くのかを意識させる」

ことがこれに相当する。地図の書き方を手取り足取り教えることが求められる介入ではない。

そこのことをふまえれば，教師から子どもたちにもたらされる質問は，たとえば，「この後どのようにしたら目標までたどり着くことができるのか」「これまでの進捗についてはどのように考えているのか」「次にどのように改善すれば思いどおりにいくと思うのか」といったようになる。

活動の PDCA サイクルの D（実行：Do）の部分ではなく，C（評価：Check）や A（改善：Action）の部分に対して働きかけるという考え方である。

ここで紹介している実践は，意図的にプロジェクト管理の概念をもち込んで行われているわけではない。あくまでも子どもたちが求める教育，学習のあり方を追究した結果である。しかし，プロジェクト管理の知識をもってこの実践をみると，とても周到で効果的にプロジェクト管理の方法論が用いられていることがわかる。子どもたちがこうした学習活動を体験していくことによって，自ずと子どもたちがプロジェクト管理に取り組み，つまり計画を立て，それを自分なりに実践していき，最終段階に到達したところで望む結果が得られたか，あるいは得られなかったかというレビューを行い，その理由を求めつつ，自分自身の力（計画力や実行力）を見極めていくという過程を体験することができ，経験的な学習が機能していると評価できる。

さらには，プロジェクト管理能力の育成という視点，つまり企画すること，運営することを子どもたちが学ぶために見逃せないのは，この事例において「教師が果たしている役割」である。

教師が果たしている役割は，内容の支援をすることではなく，見極めの手助けをしていることである。活動に取り組み，その後，なぜうまくいかなかったのか，あるいはなぜうまくいったのか，それはどこに原因があったのかという振り返り（リフレクション）を促すことこそが教師の重要な役割となっている。

加えて教師に求められるのは，それぞれが取り組むプロジェクトの過程を見据えながら，適切に計画するための材料をタイムリーに提供することである。いくら子どもに計画とその実行を任せるといえども，すべてを好きなように計

画できるわけではなく，子どもによってはうまく計画ができない，つまり見通しをもつことができなかったり，あるいは実行段階において問題をかかえる子どももいたりと，子どもたちがつまずく場面が随所で考えられる。

　そうした子どもたちの個々の状況に対して教師が臨むアプローチは，その子にとって適切な範囲，言い換えるならば実行可能な範囲を見定めて計画の材料を提供することである。それは，空きコマの範囲（数）であったり，学習の項目や難易度であったりなどを調整し，その子が見通しをもって計画し，実行可能になるように，さらにその外側から枠組みを調整することが求められる。

　このことが可能になるためには，教師は子どもとともにいつつも，他方で一層上の視点から俯瞰的に状況（一人ひとりの子どもも，その関係性も）を捉える必要がある。『子どもたちが的確に計画をする』ための計画をする力，一言でいえば「計画を計画する力」が求められているといえるだろう。そのために，オランダの教員に求められる重要な資質能力は，子どもの「アセスメント力」が第一にあがる。子ども，子ども同士，学級の状況と，そして学習課程との兼ね合いにおいて，いまこの子にどのような計画や学びが必要なのかを教師が見極める力といえるものである。

　改めて私たちの実践を見つめなおしたときに，たとえば，何か子どもたちに計画を任せてみようとしたところが，しかし，子どもたちが立ててきた計画が，教師の視点からみてあまり現実的ではなく，達成する見込みが低いように感じられた場合，普段の私たちならばどのような反応をしているだろうか。「これ，本当にできるの？」とか「こうしたほうがいいと思うのだけど」というような反応を示していないだろうか。もちろん，こうしたコメントをしてはならないわけではないものの，しかしながら，最初に教師がこのようなコメントをしてしまうと，「教師の側にはあらかじめ想定している計画があって，それに合っていないと判断された」というメッセージを伝えてしまう懸念がある（いわゆる忖度が働いてしまう）のである。

　そうなると，次から子どもたちは「この計画で大丈夫ですか？」や「どうすればいいですか？」という問い合わせをするようになるだろう。こうなってし

まっては，教師が望むような自分たちで主体的に計画して進めていってほしいという目論見ははずれてしまい，教師がすべての場面において登場しなければならない事態に追われてしまう。そこで本来問い合わせなければならなかったことは，計画の内容ではなく「なぜこのような計画に至ったのか」という理由や根拠を問い合わせるような働きかけであったと考えられる。オランダの教師のかかわり方は，そうした役割を果たすうえでの示唆を与えてくれる。

（4）共同作業を管理・運営する力をつける

ここまでプロジェクト管理の考え方と，オランダの実践をみながら子どもたちにプロジェクト管理能力を育む実践，そして新しい教師の役割が話題となった。子どもたちが自らの学びを自らの責任で管理・評価し，教師はこれらの経験を実際的な学びへとつなげていくための支援者としての役割が求められることを紹介してきた。

この基本的な考え方は，子どもたちの活動が個人単位からチーム単位になったとしても大きく変わることはない。計画（P：Plan），実行，評価のフェーズを，チームを単位として行うように変化させるだけのことである。

しかし，個人単位で活動を進めていくことと，チーム単位で活動を進めていくことのちがいは，計画，実行，評価のフェーズが「チームの手に」委ねられることになる。この「チームの手に委ねる」ことがしばしば問題の種になる理由となる。たとえば，特定の人に負担が偏る，何もしない人がいる，なかなか意見調整がうまくいかないなどなどの事態である。

先に紹介したように，プロジェクト管理では，こうしたことを想定したチームのマネジメントの方法論やツールを提供している。「プロジェクト管理ツール」などというキーワードで検索するとこうした方法論やツールが多数登場する。たとえば，オランダの実践者がプロジェスト管理の方法論を応用して開発したEduScrum（エデュスクラム）など教育現場での活用を想定したツールも提供されており，私たちもこうしたツールを導入することを検討したほうがよいだろう。さまざまなツールがあるので，ビジネスシーンでも，それぞれが使

いやすものを使い，なければ自分たちでツールを開発することもある。むしろ「このツールが万能で活用できる」というものが存在するわけではない。しかし，どのツールにも共通している要素がある。それが「見える化」の機能である。つまり，ツールを導入する意義は「プロジェクトを見える化」することにある。

　見える化される要素は，主に2点である。1つ目には，仕事の種類（タスクと呼ばれる）と順番，2つ目には役割分担である。プロジェクト管理にこの2つが必要な理由は，プロジェクト管理の概要説明で先述した内容である。

　見えるツールを探してプロジェクト管理の教科書を読んでいくと必ず登場する代表的なものに，プロジェクトに必要な仕事のリストを一覧にし，かつ上から下に並ぶように仕事を進める手順が示されている WBS（Work Breakdown Structure）と呼ばれる図がある。図7.3の例では大きく7種類の仕事が縦に並んでいる。

　プロジェクトチームのメンバーは，どの仕事にも着手する前に，まずこの図を作成する必要がある。つまり，業務の洗い出しと役割分担である。チームのメンバーでアイデアを出し合いながら，目標を達成するために必要な仕事のリストを作成していくのである。この仕事のリストは，冒頭の「地図」でもあり，途中の「一週間の学習計画」に相当する図となる。まずは，こうした図を作成できるようになることが計画力の第一歩となる。最初のうちは，こんなに大きなプロジェクトを計画することはむずかしいかもしれない，その場合にはある程度まで作成された図面を教師側が用意する必要があるだろう。

　仕事のリストが決まったら，役割分担を行う。こうした図に直接書き込むように，どの部分を誰が担当するかというように決めてもよいだろう。あるいは，さらに細分化した仕事を書き込んでおくのもよいだろう。

　学校現場で用いるときには，模造紙と付箋などを使ってチャートを作成していけば，計画を改善する（仕事を見直す，つまり書き換える）ことも容易であるし，さらにはその付箋に名前を書いておけば役割分担も一覧でみられる。仕事が終わったら塗りつぶしたり，×印でも記入しておけば，進捗管理のツールと

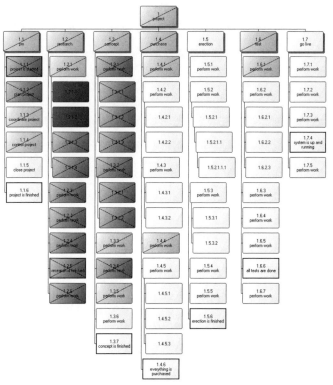

図7.3 WBS（Work Breakdown Structure）の例

出所：Wikimedia Commons https://commons.wikimedia.org/wiki/File:Sample_Work_Breakdown_
Structure.png

しても使えるだろうし，教室内に掲示しておくことも可能である。

　見える化するのはもちろんチームのために行うことだが，副産物的な効果は，教師からみたときに，チームが考えていることや，作業の進行具合が一目瞭然でわかるという点である。進行具合をみつつも，必要以上にチームに干渉することがなくなる。

　チームのメンバーにとっても，このチャートが活動のすべてを表すものであり，また対話のツールになる。自分たちが目標の達成に近づいているかどうか，必要なことが行われているかどうかが確認でき，また役割分担によって個人の

責任範囲も明確になるから，チームで活動する際のトラブルもある程度回避できるだろう。

　繰り返しになるが，これらの一連の作業，つまり計画を立て，実行し，評価するまでの一連の過程は，子どもたちのチームに任せるべきである。それは，主体的に経験していくことが，企画すること，運営することを学ぶプロセスそのものであるからである。教師が行うべき役割は，計画，実行，評価の段階それぞれにおいて，子どもたちがどのような経験をしているかを認識できるような支援であり，投げかけである。それは，たとえば「この活動の目的はなんであるのか」「なぜこのような計画に至ったのか」「ここまでの活動のチームのみんなはどのように考えているのか，評価しているのか」といった質問をすることである。そして，安心して活動に取り組めるように責任範囲を明確にし，それ以外の問題についてはプロダクトオーナーである教師の責任範囲であることを伝えるとともに，チームの力量に応じた適切な難易度の設定と材料の提供を行うことである。

　本章では，企画すること・運営すること，またそれを子どもたちがどのように獲得していくのかをプロジェクト管理の考え方を援用しながら検討を進めてきた。本章の冒頭にて説明したように，特別活動がもつ特徴として，チームで長期の目標に向かって協働しながら取り組むということがある。経営理論では，こうした特徴をもつ活動を一般的に「プロジェクト」と呼んでおり，プロジェクトを成功に導くための，プロジェクト管理の方法論が開発されてきた。

　こうしたプロジェクト管理の技術は，チーム活動が中心となる特別活動を効果的にしていくために活用できそうであるが，子どもたちがそうした技術を身につけていくためには，自らのイニシアティブで計画，実行，評価するプロセスを，教師の適切な支援のもとに経験し，その経験から獲得していくことを繰り返して体得していくことが求められる。

　活動における教師のかかわり方として重要な点は，活動に対するオーナーシップ（主導権）を奪わないということである。そのため，原則として活動プ

ロセスに対して教師の意図で変更がなされたり，介入されることがあってはならない。途中で介入しなければならないということは，当初の計画が適切でなかったためであり，計画の妥当性を確かめるような働きかけをするべきであったということである。

また，チーム活動を円滑に進めていくためには，「見える化」が重要なキーワードであり，チームの計画，実行，評価を助け，メンバーがかかわりやすくなる。そのために本章（4）で紹介したWBSをはじめとした管理ツールが有効に機能することが期待できる。最近では，教育場面向けに開発された管理ツールもみられるようになってきているので，それを活用するのもよいだろう。

プロジェクト管理の考え方における教師の立ち位置は，プロジェクトの最高責任者として存在することである。プロジェクトの最高責任者は「成果物に対する注文」をつける権限が認められている。オーナーが提示した水準に満たないプロダクトが出てきた場合には，それを拒否しても構わない。

しかし，その水準はもちろん事前に提示されている必要がある。提示されているからには，その水準まで到達する管理は各チームの責任で行わなければならない。また，教師からの注文に対して異議がある場合は，設定された水準に対してチームが反論することもできるだろうし，そうした関係を築いておくことが，子どもたちやチームに対しての自律性を促すことにつながる。

そうはいうものの，子どもたちにとって無理な要求をして，成果物を拒否し続けるというような姿勢は避けられなければならない。本来であれば，当初の段階で水準に達することができない計画が立案されることに気づき，修正を促すとともに，それを実現することに対して動機づけるのもオーナーの重要な役割である。

オランダの学習計画の事例で示したように，小学校低学年の段階では，選択肢の数も，達成しなければならない項目数も少なく抑えられており，つまり選択の幅を狭く設定している。それが高学年になると選択の幅が広がり，より自分で決めなければならない要素が増えていくというように，子どもたちの力量に合わせた達成水準を設ける工夫が求められるだろう。

教師は，子どもの成長に合わせて，この幅を上手にコントロールしることになる。プロダクトオーナーは，仕事を任せてくれつつ，しかも「最終責任は負う」と言ってくれるような「信頼できるボス」になれるだろうか。

深い学びのための課題

1．これまでの体験で「主体的に取り組み，何かを成しとげた」ことをあげて，その成功の裏側に教師や支援者はどのようにかかわっていたかを考えよう。
2．子どもたちの見通しやプロジェクト管理の能力を見極めて，適切な支援，かかわりをもつためには，教師としてどのような資質，経験，態度（心がけ・構え）が求められるだろうか。

注
1）鈴木敏夫「課外授業ようこそ先輩 伝わる"地図"を描く」日本放送協会（NHK），2007年4月14日放送。
2）オランダの小学校は4歳から始まる。日本では幼稚園課程が一部含まれることになるため「幼少期」と表記した。

引用・参考文献
奥村好美（2019）「オランダにおけるダルトンスクールの教育の質改善に関する一考察」『兵庫教育大学研究紀要』第55巻，65-72頁
ジェフ・サザーランド／石垣賀子訳（2015）『スクラム　仕事が4倍速くなる"世界標準"のチーム戦術』早川書房
鈴木安而（2018）『図解入門　よくわかる最新PMBOK第6版の基本』秀和システム
中田正弘編（2020）『ポジティブ＆リフレクティブな子どもを育てる授業づくり―「学びに向かう力」を発揮し，協働的に学ぶエデュスクラム』学事出版
プロジェクトマネジメント協会ウェブサイト http://www.pmi.org/
リヒテルズ直子（2004）『オランダの教育』平凡社

第8章

キャリアに対する意識の形成を支えるために

1 キャリアについて考えていく前に

（1）「キャリア（career）」という言葉

　本章では，子どもたちのキャリアの形成に教師はどのように向き合えばよいのかを考えていく。とはいえ，そもそも「キャリア（career）」とは何だろうか。まずは「キャリア（career）」という言葉がどのように使われてきたのかをたどってみよう。

　川喜多（2007）によれば，"career" はラテン語の "carrus"（車輪のついた乗り物）を語源としており，16世紀になって英語として「フルスピードで馬を走らせて駆ける」あるいは「戦闘における突撃」という意味が出てきたという。17〜18世紀ごろになって「権力への階段」をも含意するようになってくる。つまり，以前は価値的に中立であった "career" が，この時代に至って1つの正しい道を示す言葉として用いられはじめた。

　そして，19世紀半ばごろまでには，職業それ自体を示す言葉として用いられるようになる。ただ，この場合の「職業」は安定した生活を約束してくれるだけの収入をもつ職業を意味しており，"career" はそうした職業やそれに伴う地位を示していた。とりわけ，外交官や政治家という特権的な地位にある人をさす意味で用いられてきた。つまり，"career" は，たとえそれが羨望であれ，蔑視であれ，庶民からみれば，自分たちの職業（job）とは異質の特権的な職業を示すものとして扱われていたのである。そして，20世紀半ばに至ってようやく "career" はその相対性が指摘されはじめるようになってきたが，上述のような価値的なニュアンスが完全に排除されたわけではなかった。

　キャリアという言葉の履歴から明らかになるのは，特権的な職業と結びつけ

られたことによって，羨望であったのか蔑視であったのかはさておき，特定の価値をもつ言葉として用いられていたが，徐々にそれぞれの人に適したそれぞれのキャリアがあるという意味での相対性があることが認められるようになってきたということであった。とすると，それぞれの人がそれぞれの希望や考え方に即して生きていけばよいのだから，キャリア教育は必要とされないと考えてよいのだろうか。もちろん，相対性が尊重される必要があるのは否定されるべきではないが，相対的であるキャリアに共通した特性を見いだすことは子どもたちのキャリアの形成に教師がどのように向き合えばよいのかを考えていく本章の課題に資するであろう。

　渡辺ら（2007）は，20世紀半ば以降のキャリア研究における定義のなかから，①人と環境との相互作用の結果，②空間的広がり，③個別性，④時間的流れの4つを共通点として抽出しているが，これらを手がかりにキャリアの共通点を明らかにしておきたい。

　人と環境との相互作用の結果とは，キャリアが個人とその生活の場としての社会との相互作用において生じてくるものであり，職業や職務にとどまらず，家庭生活や市民活動などをも含意したものと捉えられるということである。ただ，その社会とのかかわり方には「働くこと」も含まれることを確認しておきたい。そして，この環境は，社会的な環境であると同時に，物理的な環境でもあるから，空間的な広がりを有していることに通じている。

　また，個別性については，それぞれの人に適したそれぞれのキャリアがあるという意味での相対性が認められてきたことによる。ただ，ここでいわれる個別性は，自己の利益だけを追求するという利己主義と同義ではないのは，キャリアが社会とのかかわりにおいて生じてくるものであるということから考えれば自明である。自己は確かにほかの何ものでもない自分を強調するものではあるが，自分と同じ場所にいる他者に対してはじめて自分を強調することができるという二重性を有しているからに他ならない（たとえば，上田　2000）。

　最後に，時間的流れは，第一にキャリアが過去から現在，そして未来に至る時間的連続性のもとに生起することを意味している。ただ，実存哲学の立場か

ら人間形成を考察したO.F.ボルノーは人間の形成過程における連続的なもの
と非連続的なものとを分けて，非連続の重要性を指摘したが（Bollnow 1959
= 1966），「移行（transition）」がラテン語の"transire"を語源として，過去と
現在との間，あるいは現在と未来との間を「越えていく」というニュアンスを
含むように，キャリアの形成において非連続なプロセスを見いだせることに留
意したい。ボルノーのいう「危機」や「出会い」などの契機が断絶を生み出す
こともありうるだろうし，紆余曲折を経つつ形成していくプロセスにおいて
徐々に自己を変容していく（＝乗り越えていく）ということもあるだろう。い
ずれにせよ，キャリアの形成における時間の流れは単純な直線的経路だけでは
なく，断絶や偶然をも含むさまざまな経路をたどる可能性を有している。キャ
リアは確かに時間を経なければ形成されないものであるが，必ずしも連続的な
ものだけでなく，非連続性をも含むものと考えられる。

　そして，時間的流れには，第二にキャリアの形成が自然的な発展のプロセス
であることも含意されている。もちろん，キャリアを自ら形づくっていこうと
することもあるが，社会とのかかわりの履歴であるとすれば，社会の側に依存
するものでもあるため，社会とどのようにかかわるのかを自らの意志で決して
いたとしても，その履歴は必ずしも私たちの思いどおりになるものばかりでは
なく，自然に積み重ねられるものとして受け取るしかないものと考えられる。

　これらの検討から，キャリアとは，個々の人間が，働くことを含めてさまざ
まなかたちでの社会とかかわりをもつことで断絶などを含みながら自然に積み
重ねられる履歴のことを意味すると理解することができるだろう。

（2）キャリア教育という言葉

　キャリアを上記のように捉えることができたとしても，それぞれの人に適し
たそれぞれのキャリアがあるという意味での相対性を有しているとすれば，
個々人がそれぞれの人生に即してキャリアを形成していけばよいということに
なる。いっぽうで，教育は，教育するもの（＝大人，教師）が教育されるもの
（＝子ども，児童・生徒）の将来あってほしい像に向けて計画的に働きかけるも

のに他ならない（たとえば，紺野ほか　2011）。とりわけ，組織的な教育が行われる場である学校（とくに，義務教育段階）はすべての子どもたちに教育の機会を保障する仕組みであるため，大人による意図や目標，ねがいといったものが一般化されたものとなり，それぞれの人に適したそれぞれのキャリアがあるという意味での相対性を担保することがきわめてむずかしい。それは，単なる技術的なものではなく，それぞれの人がそれぞれのおかれた個別的な状況において獲得するのがキャリアであるかぎり，キャリアを教育するということが原理的に成り立ちにくいという意味でのむずかしさである。それゆえ，キャリア教育という言葉は，特定のキャリアや職業観，労働観を子どもたちに得させることをめざすのではなく，別の意味で捉えることが求められるが，その内実については，本章全体を通じて明らかにしていくことにしたい。

（3）本章の課題

　2017・2018年版学習指導要領では，「総則」において特別活動を要として学校教育全体を通じた「キャリア教育の充実」がうたわれ，「特別活動」において学級（ホームルーム）活動の活動内容の1つとして「一人一人のキャリア形成と自己実現」が示されているが，全学校種を通じてキャリアという言葉が用いられたのは，この学習指導要領が初めてである。それゆえ，上記のキャリアやキャリア教育という言葉がはらむ問題に目配りをしつつも，小・中・高・特別支援の全学校種にわたって学習指導要領にキャリアないしはキャリア教育が記載されるに至るまでの経緯をたどりながら，学校教育においてキャリアやキャリア教育がどのように捉えられ，実施されてきたのか，そこにどのような問題があるのか，そして，それらをふまえながら，子どもたちのキャリアの形成に教師はどのように向き合えばよいのかについて考えていくことにしたい。

2　学校教育のなかでのキャリアとキャリア教育
（1）文部科学行政におけるキャリアとキャリア教育
　キャリア教育という言葉が文部科学行政のなかで最初に公式に用いられたの

は，1999（平成11）年の中央教育審議会「初等中等教育と高等教育との接続の改善について（答申）」（以下，1999年答申）である。そこでは，新規学卒者のフリーター志向の広がりが，「経済的な状況や労働市場の変化など」にも起因する可能性を言及しつつも，学校教育と職業生活との接続の現状に問題があることを理由として見いだし，それを改善するための方策の1つとしてキャリア教育を提案した。たしかに，当時の労働省（現厚生労働省）の調査によれば，この頃フリーター数は増加傾向にあった。この調査はフリーターの位置づけなど問題もあるが，ここではこうした調査結果をもとに政策が推し進められたことを確認しておきたい。

　そして，こうした背景を受けて，『文部科学白書』（以下，白書）においてキャリア教育という言葉が，2003（平成15）年度に初めて登場する。ここでは，キャリア教育が求められる理由を「高い失業率，いわゆるフリーターと呼ばれる若年層の増加」としている。1999年答申では，経済的な状況や労働市場の変化などが新規学卒者のフリーター志向の広がりをもたらしていると指摘していたが，ここではそうした背景の記述はなされていない。また，高い失業率こそ，経済的な状況や労働市場の変化に大きな影響を受けるはずであるが，白書では，「就きたい仕事や職業が見付からない」と指摘してミスマッチの問題に焦点化している。つまり，失業率やフリーターといった労働市場に生じる諸問題の原因を労働者の側に帰因する問題と捉えたうえで教育を考えているのである。こうした認識のもとで，「職業や仕事の体験活動」や「インターンシップ（就業体験）」の推進が「新キャリア教育プラン」として打ち出されており，社会といかにかかわるかという視点よりも職業生活を意識した教育のあり方を読み取ることができる。また，2003（平成15）年4月に「若者自立・挑戦戦略会議」が発足し，同年6月に「若者自立・挑戦プラン」が策定され，これを推進していく具体策を示した「若者自立・挑戦プランの推進」が2004（平成16）年1月にとりまとめられ，実施されるに至る。その一環としてはじまったのが，アメリカ合衆国でのジョブ・コア（Job Corps）をモデルとした若者職業的自立支援推進事業であり（2010年に事業仕分けによって廃止），地域若者サポートス

テーション事業であった。

　しかし，この後，白書ではキャリア教育という言葉が自立支援の背後に追いやられていく。2005（平成 17）年度白書では，それまで「キャリア教育の総合的推進」とされていた項目が「若者の自立支援」と改められると同時に，トピックスとして「ニートに関する実態調査について」が掲げられて，ニートの問題が新たに取り上げられている。

　日本でのニートは，本来イギリスで「社会的排除（exclusion）」の問題と関連づけられて登場してきた NEET（Not in Education, Employment or Training）と異なり，中産階級に多い「ひきこもり」のイメージと重ね合わされてきた（本田ほか　2006）。NEET が社会的排除に結びつくことから社会状況にその原因を見いだそうとするのに対して，ニートは個人の意欲の問題として捉えられ，教育の問題とされてきたところに大きな差異がある。もちろん，イギリス，あるいは欧州での社会的排除への対策において教育も行われていたが，そこでは，社会での信頼関係やネットワークといった社会関係資本（Social Capital）の弱体化が社会的排除を生み出しているという認識から，社会関係資本を支えるコミュニティをエンパワーメントしていく際の一側面として捉えられる（たとえば，藤井ほか　2013）。それゆえ，欧州における社会的排除の包摂に向けて行われる教育は国や社会が十分に提供できていなかったことへ補完的な意味が強いのに対して，日本においては個人の意欲を喚起することに向かおうとする点にちがいを見いだすことができる。

　さて，こうした個人の心性の問題として考えようとする志向性は，2005（平成 17）年度白書で「若者自立・挑戦プラン」をより実効性・効率性を高めるために策定された「若者の自立・挑戦のためのアクションプラン」（2004 年 12 月）について「働く意欲が不十分な若年者やニートと呼ばれる無業者などに対して，働く意欲や能力を高める総合的な対策を推進する」と言及されていることにも現れている。この記述は 2006（平成 18）年度白書では削除されているが，「働く意欲や能力を高める」ことを示したことは，キャリアないしはその形成を個人の心性の問題として捉えることを明示したといってよいだろう。

（2）学校教育におけるキャリア教育の捉え方①—「小学校・中学校・高等
　　学校キャリア教育推進の手引」

　文部科学行政においてキャリア教育が若年層のフリーター志向，ニート状態
を問題とすることから生起してきたこと，そしてその背景を個人の心性に焦点
を当てていたことを確認してきたが，学校教育でどのように扱うのかの指針は
まだ示されていなかった。それが明確になったのが，「キャリア教育の推進に
関する総合的な調査研究協力者会議報告書」(2004年1月，以下「報告」)，文部
科学省「小学校・中学校・高等学校キャリア教育推進の手引—児童生徒一人一
人の勤労観，職業観を育てるために」(2006年11月，以下，「手引」)，中央教育
審議会「今後の学校におけるキャリア教育・職業教育の在り方について（答
申)」(2011年1月，以下，「キャリア答申」) である。「手引」は「報告」をベー
スに作成されているので，この2つで述べられていることに大きな差異は見い
だせない。それゆえ，「手引」と「キャリア答申」の記述を確認しつつ，学校
教育でどのように扱おうとしているのかを確認しておきたい。

　「手引」は，各学校においてキャリア教育の必要性は認められているものの，
その意味づけや受け止めが多様であることから，それを明確化しようとしてい
る。キャリア教育の必要性として，産業・経済の構造的変化，雇用の多様化・
流動化などに言及しつつも，学校から社会への移行をめぐる課題の1つとして
若者自身の資質などをめぐる課題をあげて，勤労観，職業観の未熟さ，社会
人・職業人としての基礎的資質・能力が未成熟，社会の一員としての意識の希
薄さを指摘し，さらに子どもたちの生活・意識の変容として，身体的な早熟傾
向に比して，精神的・社会的自立が遅れる傾向，働くことや生きることへの関
心，意欲の低下，職業について考えることや，職業の選択・決定を先送りにす
るモラトリアム傾向の高まり・進路意識や目的意識が希薄なまま，進学・就職
する者の増加を指摘している。そして，キャリアを次のように定義している。

> 個々人が生涯にわたって遂行するさまざまな立場や役割の連鎖及びその過
> 程における自己と働くこととの関係付けや価値付けの累積

ここに示されているのは，まずキャリアが私たちの社会とのかかわりの累積であるということである。社会とのかかわりのもち方によって私たちには立場や役割が生まれるが，その累積がキャリアにほかならない。ただ，ここでは，そうした社会とのかかわりのうち，「働くこととの関係付けや価値付け」に焦点を当てていることを指摘しておきたい。また，「働くこと」には家庭生活や市民生活などの生活がありうることに言及しているものの，「働くこと」という言葉をキャリアの定義に用いていることを確認しておこう。

　また，キャリア発達を次のように定義している。

> 　発達とは生涯にわたる変化の過程であり，人が環境に適応する能力を獲得していく過程である。その中で，キャリア発達とは，自己の知的，身体的，情緒的，社会的な特徴を一人一人の生き方として統合していく過程である。

　これまで青年期の発達課題とされてきたものを生涯にわたるものと捉え，各時期にふさわしい個別的なキャリア発達の課題を「キャリア発達にかかわる諸能力（例）」として示している。

　こうした諸概念の整理のもとにキャリア教育を次のように定義している。

> 　「キャリア概念」に基づいて，「児童生徒一人一人のキャリア発達を支援し，それぞれにふさわしいキャリアを形成していくために必要な意欲・態度を育てる教育」。端的には，「児童生徒一人一人の勤労観，職業観を育てる教育」

　子どもたち一人ひとりのキャリア発達を支援していくために，必要な意欲・態度を育てることをキャリア教育の課題としている。つまり，相対性・個別性を有しているキャリアを学校教育で育むのではなく，それを支える汎用的な能力の育成を学校でのキャリア教育として位置づけていることを確認できる。そして，それをさらに端的に一人ひとりの勤労観，職業観を育てる教育と言い換

えている。キャリアの定義で「働くこと」に焦点化したことから考えて，その教育もまた，職業や勤労といった問題が扱われるのは必然的な流れだろう。

さて，「手引」で示されたことについて，いくつかの問題を指摘できる。まず第一に，キャリアが個別的なものであるとすれば，キャリアの形成を学校教育で実現できるのかという問題である。もう少し踏み込んでいえば，働くために必要な能力—「キャリア発達にかかわる諸能力」や「必要な意欲・態度」—の普遍化・一般化ができるという前提に立ってそうした力を育成しようとしているが，それがはたして可能なのかということである。私たちが社会とかかわることは当然ながら，その社会と切り離して考えることはできない。そのため，その社会でかかわる際に必要とされる力もまた，その具体的で個別的な文脈を離れて捉えることはむずかしいはずである。

また，キャリアが発達するものとして捉えること，さらにはその前提に立って教育することが可能かという問題がある。キャリアが社会とのかかわりの累積であるならば，内的能力の発達というよりも，社会とのかかわりのなかで形成されるものとして捉えられるはずである。そして，その履歴は必ずしも連続的な経過を経るものばかりではない。「計画された偶然性（Planned Happenstance）」，すなわち，必ずしも期待し，予期したとおりではないが，それなりに偶然性を受け入れながらキャリアを形成していることが指摘されている（Mitchell, *et al.* 1999）。しかしながら，教育は目標を定め，そこに向かう計画的な営みであるため，偶然性とは対極に位置する。こうした非連続的なプロセスを含むキャリアの形成を，教育という連続性を前提とした計画的な営みのもとに捉えることができるのかどうかを考える必要があるだろう。これらの諸問題については，のちに考えることとしたい。

（3）学校教育におけるキャリア教育の捉え方②—「今後の学校におけるキャリア教育・職業教育の在り方について（答申）」

「キャリア答申」では，キャリア教育・職業教育をめぐって若者の「社会的・職業的自立」および「学校から社会・職業への円滑な移行」に大きな課題

を見いだしている。前者については，自立が何を意味するのかついては明確にされていないものの，コミュニケーション能力など職業人としての基本的な能力の低下や，職業意識・職業観の未熟さ，身体的成熟傾向にもかかわらず，社会的・職業的自立が遅れる傾向，進路意識や目的意識が希薄なまま進学する者の増加などを，また，後者については，若者の完全失業率や非正規雇用率の高さ，無業者や早期離職者の存在などを課題として指摘し，キャリア教育について次のように定義している。

> 一人一人の社会的・職業的自立に向け，必要な基盤となる能力や態度を育てることを通して，キャリア発達を促す教育

このように定義したうえで，「キャリア教育は，特定の活動や指導内容に限定されるものではなく」，「一人一人の発達や社会人・職業人としての自立を促す視点から，学校教育を構成していくための理念と方向性を示すもの」としている。ここでは「手引」にはなかった「社会的・職業的自立」がめざすべき姿として掲げられている。この点については，働くことへの意欲・関心・態度，目的意識，責任感，意志などの未熟さ，コミュニケーション能力，対人関係能力，基本的マナーなど職業人としての基本的な能力の低下，職業意識・職業観の未熟さなどを認めつつ，新規学卒者を一括採用するという慣行のもとではかつては企業内教育・訓練を通じて，こうした課題を克服し，「社会的・職業的自立」を促す仕組みができていたこと，またこうした慣行のもとで大量採用をしていた時代にはこうした課題が前面に出ることがなかったことを指摘している。ここで「手引」よりも明確になったのは，働きつつ身につけていたさまざまな能力が十分ではないために，それを学校教育の課題としたことである。

また，本答申では，職業教育について以下のように定義している。

> 一定又は特定の職業に従事するために必要な知識，技能，能力や態度を育てる教育

ここでは，特定の職業に従事することを前提としていることから，学校教育のみで完結するわけではなく，生涯にわたる教育のあり方を考える必要があることを示す一方，学校教育には，多様な職業に対応しうる，社会的・職業的自立に向けて必要な基盤となる能力や態度の育成を行うことを求めている。学校から社会・職業への移行において社会において必要な力がどのようなもので学校教育のなかでどのように育成するのかについて十分に明確にされていない現状をふまえ，本答申では図8.1のような枠組みでこうした能力を示している。

　基礎的・基本的な知識・技能が教科教育において，専門的な知識・技能が学校教育だけでなく生涯にわたる職業教育において培われるとしたうえで，キャリア教育は，その両者を接続する位置に，とりわけ基礎的・汎用的能力の形成を期して行われるものとして位置づけたのである。基礎的・汎用的能力は4側面から記述されているが，これは明確に分けられるものではないことに言及しつつも，それぞれについて以下のように説明している。

　「人間関係形成・社会形成能力」とは「多様な他者の考えや立場を理解し，相手の意見を聴いて自分の考えを正確に伝えることができるとともに，自分のおかれている状況を受け止め，役割を果たしつつ他者と協力・協働して社会に参画し，今後の社会を積極的に形成することができる力」，「自己理解・自己管理能力」とは「自分が『できること』『意義を感じること』『したいこと』について，社会との相互関係を保ちつつ，今後の自分自身の可能性を含めた肯定的な理解に基づき主体的に行動すると同時に，自らの思考や感情を律し，かつ，

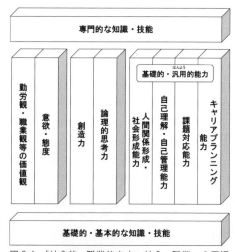

図8.1 「社会的・職業的自立，社会・職業への円滑な移行に必要な力」の要素
出所：「キャリア答申」より掲載

146

今後の成長のために進んで学ぼうとする力」,「課題対応能力」とは「仕事をする上での様々な課題を発見・分析し,適切な計画を立ててその課題を処理し,解決することができる力」,「キャリアプランニング能力」とは「『働くこと』の意義を理解し,自らが果たすべき様々な立場や役割との関連を踏まえて『働くこと』を位置付け,多様な生き方に関する様々な情報を適切に取捨選択・活用しながら,自ら主体的に判断してキャリアを形成していく力」とされている。

　ここにおいても「手引」で指摘したように,「基礎的・基本的な知識・技能」と「専門的な知識・技能」を架橋する,キャリアの形成に資するとされる汎用的な能力を措定することが妥当であるのかどうかが問われる必要があるだろう。

（4）2017・2018 年版学習指導要領におけるキャリアの意味とその課題

　先にふれたように,全学校種の学習指導要領に初めてキャリアという言葉が記載されたのは 2017・2018 年版学習指導要領であるが,高等学校では,2009 年版学習指導要領においてすでにキャリアが記載されていた。2008・2009 年版学習指導要領について審議を行った中央教育審議会「幼稚園,小学校,中学校,高等学校及び特別支援学校の学習指導要領等の改善について（答申）」（2008 年 1 月）では社会の変化への対応の観点から教科等を横断して改善すべき事項の 1 つとしてキャリア教育について言及されており,すべての学校教育段階におけるキャリア教育の重要性が認識されていたものの,これまでも専門高校における職業教育などキャリア教育と親和性が高い活動を行っていた高等学校とは異なり,小・中学校における教育課程については,「キャリア答申」がまだ出されておらず,明確なキャリア教育の見通しがもたれていなかったためと考えてよいだろう。

　そして,「キャリア答申」を経た 2017・2018 年版学習指導要領の改訂にあたっては,子どもたち一人ひとりの発達を支援するという観点からキャリア教育が検討されてきた。同学習指導要領の検討を行った中央教育審議会「幼稚園,小学校,中学校,高等学校及び特別支援学校の学習指導要領等の改善及び必要な方策等について（答申）」（2016 年 12 月）では,職場体験活動のみをもって

キャリア教育を行ったものとしているのではないか，社会への接続を考慮せず，次の学校段階への進学のみを見据えた指導を行っているのではないか，職業を通じて未来の社会を創り上げていくという視点に乏しく，特定の既存組織のこれまでのあり方を前提に指導が行われているのではないか，将来の夢を描くことばかりに力点がおかれ，「働くこと」の現実や必要な資質・能力の育成につなげていく指導が軽視されていたりするのではないかといった指摘をふまえて，教育課程全体を通じた資質・能力，先に指摘した汎用的能力の育成を図ることが求められるとしている。また，学校段階ごとの接続を見通すために，キャリア教育にかかわる活動について学びの過程を記述し振り返ることができる「キャリア・パスポート」が提案されている。

　これらをふまえて，2017・2018 年版学習指導要領では，「総則」において，全学校種を通じて，児童・生徒が「学ぶことと自己の将来とのつながりを見通しながら，社会的・職業的自立に向けて必要な基盤となる資質・能力を身につけていくことができるよう，特別活動を要としつつ各教科等の特質に応じて，キャリア教育の充実を図ること」が記載され，キャリア教育が社会的・職業的自立に向けて必要な基盤となる資質・能力の育成であることが明記され，特別活動を要として実施することが示された。また，中学校・高等学校においては，主体的に進路を選択することができるような進路指導を行うことも併記されている。なお，中学校では「自らの生き方を考え」ること，高等学校では「自己の在り方生き方を考え」ることが求められていることにも注意しておきたい。

　また，「特別活動」の「学級（ホームルーム）活動」において，小学校・中学校・高等学校を通じて「一人一人のキャリア形成と自己実現」という項目が設けられ，学習の見通しを立て，振り返ること，社会参画意識の醸成や働くことの意義の理解・勤労観・職業観の形成について記載している。前者は社会とのかかわりの履歴であるキャリアに一貫性を見いだし，維持することに期待しているのだろうし，後者は職業生活のみだけでなく，社会とのかかわり全体をキャリア形成の内実として捉えようとしていることがうかがえる。

3 キャリアの形成とその支援としての教育

（1）社会変化に伴う自己のあり方の変容

さて，ここまで日本の学校教育においては，キャリアを社会とのかかわりの累積と捉えつつも，キャリア教育となると，「社会的・職業的自立」をめざし，汎用的能力の育成を行おうとする計画的な営みのもとにおかれてきた現状を確認してきた。しかし，その自立そのものを問いなおす必要があることも先に示唆しておいたが，それはなぜだろうか。結論を先取りすれば，自己のあり方が社会の変化に伴って変容してきたからにほかならない。

F. テンニースが近代社会をゲマインシャフト（Gemeinschaft）からゲゼルシャフト（Gesellschaft）への転換として特徴づけたが（Tönnies　1887 = 1957），このことは働くこと，あるいは社会とかかわりをもつことに変容があったことをも意味していた。前近代社会において私たちは社会的な自己であり，歴史のなかでしか自己を同定することが許されなかった。このことは生まれること自体が運命づけられたものであったと言い換えてもよい。社会は個人を措いて存在しえないが，同時に個人がその人でありうるのはその社会のなかでしかないということである。こうした社会では現代社会とは異なるさまざまなことが前提されている。私たちは生まれた場所からそれほど移動することなく，またそれゆえに人間関係もそれほど変わることなく，そして，ほかの社会がどのようなものであるのかについての情報も乏しいまま，生涯を終えていた。それゆえ，自分の能力がどのようなものであったとしても，さらには自分の能力がどのようなものであるかの正確な自己認識をもたなかったとしても，その社会のなかで一定の役割を得て生活していたと考えてよい。

しかし，近代社会に至って個人の価値は社会よりも重視されるようになる。現在の私たちは，生まれ育った場所にとどまって生活することは稀になり，生涯にわたって同じ場所に住み続けることがなくなりつつある。それゆえ，私たちは自己同定を特定の社会のなかで行うよりも，普遍的な人間像に基づいて行うことになっていく。普遍的な人間像とは自立していて，自律的に判断して行動することができる人間という R. デカルト以降の近代哲学が明らかにしてき

たものにほかならない。そしてこうした人間がゲゼルシャフトとして構成するのが社会なのである。そのため，生まれた場所に基礎づけられ，自由が制限される前近代的なゲマインシャフトのなかでの個人のあり方は近代以降忌避されてきた。その結果，その社会でどういう役割を担うのかは自らの選択で決定するものとなった。職業選択の自由はこうした近代社会を前提としてはじめて担保されるようになり，さらには，どのような職業に従事するのかによって自己のアイデンティティが形づくられるようになってきたのである。

（2）現代社会における自己の再帰性とキャリア教育の陥穽

　こうした自己のあり方の変容は自己を維持すること，キャリアを形成することの困難さを引き起こす。確かに，近代社会において，自由に生活すること，社会に参画する／しない自由，どのような職業も選択することができる自由を私たちは手に入れた。しかし，こうした自己のあり方は自由に生活することを可能とした一方で，私たちを根拠づける参照軸が私たち自身にしか見いだせなくなることをもたらした。その結果，私たちは常に自己を問い直すという再帰性を要求されるようになる（たとえば，Giddens　1991＝2005）。キャリアは社会とのかかわりの履歴であったが，それを自覚的に形成していくとすると，2017・2018年版学習指導要領に示されていた生き方やあり方の一貫性が求められることにつながる。もちろん，ゲマインシャフトとしての社会であれば，生き方やあり方の参照軸が社会のうちにあるため，一貫性を見いだしてどのように生きるのかという未来を考えることはそれほどむずかしくはない。実際，現在の学校教育においては，社会参画意識の醸成を促すために，中学校・高等学校では「社会生活を営む上で必要なマナーやルール」について考えて行動することを求めていた。このことは，既存の社会という参照軸に対して，自らをどのように処していくのかを考えさせているといってよい。

　しかし，こうしたキャリア教育は，自己を根拠づけ，同定するための参照軸が希薄化しつつある社会状況のなかで人生という物語を紡ぎにくくなっている現状を十分にはふまえたものとはなりえていない。それどころか，子どもたち

に人生の物語を紡ぐことを要求しつつも，それがむずかしい社会状況を生きて
いかねばならないというダブルスタンダードを経験させることになってしまっ
ているのである。

　さらに，ゲマインシャフトとしての社会における自立は生まれながらに与え
られる役割を全うすることにあったが，ゲゼルシャフトとしての社会における
自立は，他者に依存せずに独力で自らの役割を見いだし，それを果たしていく
ことが要求される。ただ，その役割そのものも再帰的なモニタリングを余儀な
くされるため，私たちは社会のなかで常に不安定な状態におかれ，自立するこ
とが困難となるばかりか，仮に自立したとしても再帰的なモニタリングのゆえ
につねに自立から転落してしまう可能性をはらんでいるのである。日本の学校
教育がめざそうとするキャリア教育は，こうした不安定さへの視座をまだ十分
に担保できてはいない。

（3）「希望格差社会」とその超克──基本的信頼のもとでのキャリア形成

　自己の再帰性が求められることによる自己の不安と自立の不安定さがある一
方で，現代社会は希望をもたせることが社会参入への動機づけとなっているだ
けでなく，希望をもつものともたないものに格差が生じている「希望格差社
会」であると指摘されている（山田　2007）。そして，こうした希望を下支えす
る学習への意欲の格差が再生産されているとの指摘もある（苅谷　2001）。すな
わち，自らの望む将来を手に入れられない可能性を見通しながらも，希望をも
つことができる人とそうではない人がいるのは，家庭生活を含めた社会的資源
の多寡に依存していると考えられる。

　ただ，このことは希望をもてない子どもたちに未来を語らせ，それに向けて
キャリアを形成させようとすることと同義ではない。それどころか，現実と乖
離した希望を抱かせるようなキャリア教育のあり方は批判されるべきものであ
る（たとえば，苅谷　2008，本田　2009）。そのうえ，自己の再帰性のゆえに人
生の物語を紡ぐことはそもそも困難である。ただ，社会的資源の多寡がキャリ
アの形成を左右するのであれば，それを整えることに取り組む必要はある。実

際，2017・2018年版学習指導要領は「社会に開かれた教育課程」を標榜しているが，それは地域社会との連携や地域教育資源の活用といった従来のあり方だけでなく，「よりよい学校教育を通してよりよい社会を創るという理念を学校と社会とが共有」することをも含んでいる。つまり，学校教育を社会創造の場として組み立て直すことが求められているといってよい。

　学校教育が社会創造の場となるのであれば，キャリアの形成も自ずと異なった道筋を見いだしうるはずである。すなわち，既存の社会の枠組みを参照軸としたキャリアの形成ではなく，新たな社会の枠組みを創造することと並行して生起するキャリアの形成と捉えられることになる。そしてまた，キャリア形成を支援するという観点に立った場合，自己の再帰性による自己の不安と自立の不安定さを少しでも恢復し，安心――「基本的信頼」（Erikson　1959 = 2011）――を子どもたちに得させるためには，社会的資源にどれだけ結びつけられることができるのかが問われることも明らかになろう。

（4）キャリア教育の今後

　ここまでさまざまな観点からキャリアを形成することに伴う問題，さらには，そのキャリアの形成を支援するために学校教育で実施されているキャリア教育の問題を考えてきた。最後に，こうした問題をふまえつつ，子どもたちのキャリアの形成に教師はどのように向き合えばよいのかを考えたい。

　まず，キャリアを形成していくプロセスが社会的資源の多寡に依存するとすれば，キャリアの形成を支援するために，たとえば，職場体験等の体験活動に取り組むことが考えられるだろう。しかしながら，これまでも行われてきたような既存の職場に順応することを目指す体験にとどまるかぎり，基本的信頼を得ることはむずかしい。それゆえ，職場体験において，その職場にとっての課題を子どもたち自身が解決し職場自体を変容させていくような取り組みを行うことを通じて自分が確かに役立っているという実感を得ることが，かれらのキャリアの形成に資すると考えられる。

　また，既存の社会の枠組みのなかでの活動が自己の不安と自立の不安定さを

持続させるとすれば，新たな社会の枠組みをつくることが求められるが，学校や教師，そして子どもたちにとっては荷が重すぎるようにも思われる。しかし，たとえば，学校で構成されるさまざまな集団がどうあるべきなのか，そのなかで自分の役割は何であるのかを子どもたちと一緒に考えていくことは可能であろう。学校教育そのものが保守的な傾向を有しているため，そうした集団もまた，学級（ホームルーム）や学習集団といった既存の枠組みで捉えられがちである。しかし，そうした集団自体のあり方を子どもたち自身が決定していくこと，そしてまた，そのなかでの役割に気づいていくことは基本的信頼を獲得することにもつながるだろう。

　そして，こうした集団のなかで子どもたちが基本的信頼を得るためには，そこで担う役割とそれに付随する能力を普遍化・一般化するのではなく，個別的で具体的なものとして捉える必要がある。なぜなら，近代社会における普遍化・一般化された人間像が私たちに不安をもたらしたからである。それゆえ，こうした個別的で具体的な経験がどのように積み重ねられるのかもまた，キャリアの形成において重要であるといえる。

　さて，キャリアが社会とのかかわりの履歴であるとすれば，上記のような取り組みはその履歴を積み重ねることに寄与するが，同時にその履歴の内実を計画性のもとにおくことがむずかしいことも意味している。この点は先にキャリアの形成が断絶や偶然といった非連続性を含むものであると指摘したことにも通じている。ただ，ボルノーはそうした非連続的な契機にはそれらを受け入れるための連続的な形成が必要であることを指摘している（Bollnow　1959 ＝1966）。すなわち，非連続的な契機は非連続であるがゆえに，それらを自分にとって意味のある契機として受け入れるためにはその準備が必要になるということである。とはいえ，これはキャリアという人間形成の一側面ではなく，多面的で全体的な人間形成を促すことにほかならない。だとすれば，基礎的・基本的な知識・技能と専門的な知識・技能，そしてそれを架橋する汎用的な能力といった区分ごとに能力を育成していき，それらが予定調和的にキャリアの形成に資すると考えるのではなく，教科教育などにおいても総合的に働く力を形

成すると考える必要があるだろう。それこそが，各教科などの「見方・考え方」を育むための「主体的・対話的で深い学び」に他ならない。

　そして最後に，キャリア形成を支援するという意味でのキャリア教育という視点に立つならば，これからどういう人生を切り拓くかという未来を考えることよりも，自己の履歴に注目することが重要であろう。とはいえ，このことは再帰的に自己をモニタリングすることにもつながり，自己の不安と自立の不安定さをもたらしかねない。それゆえ，重要なのは基本的信頼のうえで自己の履歴を振り返ることができるかどうかということである。自己をたどることはともすれば，自己再帰性のゆえに自分自身を「見捨てること（Verlassenheit）」（Arendt　1955 = 1972）にもなりかねない。キャリア形成を支援する際には，こうした社会的資源と結びつけられた基本的信頼というベースを子どもたちに学校や教師が保証していくことが何よりも求められるのである。

深い学びのための課題
1．「キャリア」「キャリア発達」「キャリア教育」の用語についてそれぞれ説明しよう。
2．日本の学校教育のなかで，これまでキャリア教育がどのように扱われてきたかをまとめ，そこにどのような課題があるのかをあげてみよう。

引用・参考文献
上田閑照（2000）『私とは何か』岩波書店
苅谷剛彦（2001）『階層化日本と教育危機―不平等再生産から意欲格差社会（インセンティブ・ディバイド）へ』有信堂高文社
――（2008）『学力と階層―教育の綻びをどう修正するか』朝日新聞出版
川喜多喬（2007）「キャリアという言葉の歴史から考える」菊地達昭編『キャリアデザインへの挑戦―58人のキャリアデザイン論』経営書院，1-5頁
紺野祐・走井洋一・小池孝範・清多英羽・奥井現理（2011）『教育の現在―子ども・教育・学校をみつめなおす（改訂版）』学術出版会
藤井敦史・原田晃樹・大高研道（2013）『闘う社会的企業―コミュニティ・エンパワーメントの担い手』勁草書房
本田由紀他（2006）『「ニート」って言うな！』光文社
本田由紀（2009）『教育の職業的意義―若者，学校，社会をつなぐ』筑摩書房
山田昌弘（2007）『希望格差社会―「負け組」の絶望感が日本を引き裂く』筑摩書房
渡辺三枝子編（2007）『新版キャリアの心理学―キャリア支援への発達的アプローチ』ナカニシヤ出

版

Arendt, H.（1955 ＝ 1972）*Elemente und Ursprünge totaler Herrschaft.* ＝アレント『全体主義の起原』大久保和郎他訳，みすず書房

Bollnow, O. F.（1959 ＝ 1966）*Existenzphilosophie und Pädagogik.* ＝ボルノー／峰島旭雄訳『実存哲学と教育学』理想社

Erikson, E. H.（1959=2011）*Identity and the Life Cycle.* ＝エリクソン／西平直・中島由恵訳『アイデンティティとライフサイクル』誠信書房

Giddens, A（1991 ＝ 2005）*Modernity and Self-Identity: Self and Society in the Late Modern Age.* ＝ギデンズ／秋吉美都他訳『モダニティと自己アイデンティティ―後期近代における自己と社会』ハーベスト社

Mitchell, K. E.・Levin, A. S. ＆ Krumboltz, J. D.（1999）"Planned Happenstance: Constructing Unexpected Career Opportunities" In: *Journal of Counseling and Development*, volume 77, pp. 115-124

Tönnies, F.（1887 ＝ 1957）*Gemeinschaft und Gesellschaft.* ＝テンニース／杉之原寿一訳『ゲマインシャフトとゲゼルシャフト』岩波書店

第9章

特別活動が日本の学校にある意義とは

1 諸外国との対話から日本の特別活動の特徴を知る

　日本の学校に通っていた人なら，学校に特別活動があることは当たり前のように感じるだろう。だが，世界の国々に目を向けると，特別活動のような"教科ではない活動"を，公的な学校カリキュラムに位置づけている国はほとんどない。しかし，諸外国の学校には教科以外の活動がないかというとそうではなく，実際に学校を訪れてみると，遠足，運動会，生徒会活動など，日本の特別活動に類する活動が散見される。

　これまで「公的な学校カリキュラムのなかに特別活動に類する活動をもつ国はあるのか。あるとすればそれはどのような名称で，どのような活動が含まれるのか」「公的カリキュラムへの位置づけの有無はともかくとして，特別活動に類する活動はあるのか。あるのならそれはどのような活動か。それはどのような目的でどのように実施されているのか」を問うような研究が行われてきた。これらの研究は，諸外国での類似した実践を合わせ鏡とすることで，日本の実践の特徴を浮かび上がらせてくれるだけでなく，諸外国でのユニークな取り組みを知ることで，日本の実践をより豊かにする役目も担ってきた。

　さらに，近年，特別活動に諸外国の人々の熱い視線が注がれるようになっている。日本は OECD 加盟国と比較すると教育予算は多いとはいえないものの，PISA や TIMSS などの国際学力調査では常に好成績を収め[1]，低コストでハイクオリティな学校教育を実現している。また日本は犯罪率が低く，治安はよく，町は清潔で，人々は時間を守り，勤勉であると高く評価され，どのような学校教育を施せばこのような国民性が維持されるのかと関心をもたれているのである。こうした日本の学校教育への関心の高まりに加えて，非認知能力

（Non cognitive skills）や社会情動的スキル（Social and Emotional Skills）の育成という文脈のなかで，特別活動に対する関心も高まりつつある（この点については後述する）。こうした背景のもと，特別活動を見学するために多くの国の使節団が日本の学校を訪れるようになり，日本政府も海外からの問い合わせに対応するための窓口づくりを進めている[2]。

　本章では，諸外国との対話を通して，すなわち，特別活動に関する国際比較研究と，諸外国からの特別活動への高い関心という2つの観点から，ときに日本の教員までもが「あるのが当たり前」と自明視してしまうことの多い特別活動について，その意味と機能を改めて問い直す作業を行っていきたい。

② 特別活動の国際比較研究

（1）特別活動の国際比較調査の2つの類型

　少し話はそれるが，先日，筆者は自身の子どもたちが通う小学校の地域清掃に参加した。地域清掃とは年に1回ある学校行事で，地域の人々とともに学校の周辺や学区にある公園を清掃するものである。子どもたちにとって地域清掃は宝探しのようなもの。植え込みのなかから空き缶や空き瓶などの“大物”を見つけると「こんなの見つけたよ！」と誇らしげに友だちに見せ，先生のところに持って行く。小一時間で学校周辺や公園はピカピカにきれいになり，種類ごとに分別されて大きく膨らんだゴミ袋をみて，子どもたちも晴れやかな表情であった。私自身もすがすがしい気持ちに浸りながら，次の2つのことを考えた。1つは，地域のつながりが希薄になって久しいといわれるなか，学校は学区という地域コミュニティの要としての機能を果たしているということ。そしてもう1つは，日々の学校清掃の時間とこのような特別活動の積み重ねが，子どもたちの「公共の場所はきれいに使わなければいけない」「汚したらきれいにする」という公共性を育て，日本の街をきれいに保つ機能を果たしているということである。学校でどのような経験を積み重ねるかは，子どもがどのような大人に育つかに直結している。諸外国の学校では，教科の学習のほかにどのような活動を行っているだろうか。そのような活動を積み重ねることで，その

国は子どもをどのような大人に育てようとしているのだろうか。学校における教科外活動の国際比較は，その答えの一端を垣間見ることのできる興味深い研究であるとともに，当該社会における学校の役割範囲を知ることのできる戦略的拠点にもなりうるものである。

　ところで，教科外活動の国際比較研究は，学校で行われている活動のうち，教科の学習を取り除いたすべてのものを研究の対象とするため，教科外活動は特別活動よりも広い概念となり，必ずしも特別活動の国際比較研究と同義ではない。しかしながら，日本の特別活動と同じような機能をもつものの，日本にはないタイプの活動を見落とさないようにするためにも，ここでは対象とする活動を日本の特別活動の定義よりもやや広めに捉えていきたい。

　これまで特別活動の国際比較研究は，次の2つの視座から進められてきた。1つ目は，日本の特別活動の類型を下敷きにして，諸外国に類似する活動があるか探っていくものであり，本章の冒頭に紹介した「公的な学校カリキュラムのなかに特別活動に類する活動をもつ国はあるのか。あるとすればそれはどのような名称で，どのような活動が含まれるのか」「公的カリキュラムへの位置づけの有無はともかくとして，特別活動に類する活動はあるのか。あるのならそれはどのような活動か。それはどのような目的でどのように実施されているのか」を問うタイプの研究である。この研究では，他国と日本の特別活動に類する活動の共通点と相違点を明らかにするとともに，他国の実践を合わせ鏡にすることで日本の実践の特質を描きだすことになる。このタイプの研究を，日本の特別活動という領域を前提とするという意味で，ここでは領域論的国際比較と呼びたい。

　2つ目は日本の特別活動が担っている機能を下敷きにして，諸外国において類似する機能をもつ学校活動があるか探っていくものである。たとえば，日本の「学級活動」の内容の1つに「学級や学校における生活をよりよくするための課題を見いだし，解決するために話し合い，合意形成を図り，実践する」（文部科学省編「小学校学習指導要領」平成29年3月：164頁）があり，児童会・生徒会活動の内容にも「学校生活の課題を見いだし解決するために話し合い，

合意形成を図り，実践する」（同：166頁）があり，これらの実践を通して，将来，家庭・職場・地域コミュニティにおいて，主体的に問題解決に参画できるよき市民を育てることがめざされている[3]。そこで，このような「問題解決力をもつよき市民を育てる」機能をもつ活動は諸外国にもあるのだろうかと探究するのが，2つ目のタイプの研究である。このタイプの研究を，活動の機能に注目するという意味で，ここでは機能論的国際比較と呼ぶ。

領域論的国際比較では，「学級活動に類する活動はあるか」「児童会・生徒会活動に類する活動はあるか」という問いを立てるのに対し，機能論的国際比較では「問題解決力をもつよき市民を育てる機能をもつ実践的活動にはどのようなものがあるか」という問いを立てることになる。領域論的国際比較では，日本の特別活動の既存のあり方を前提としているため，それにあてはまらない諸外国独自の活動を見落としてしまう可能性があるが，機能論的国際比較では，日本にはない諸外国独自の活動を見いだすことができるうえ，教科との関連性を含めた分析が可能であるというメリットがある。それでは以下に，それぞれの研究例についてみていこう。

（2）領域論的国際比較：その1──運動会の日豪比較

領域論的国際比較の研究として最初に紹介したいのは，オーストラリアと日本の小学校における運動会の構造と機能について比較する研究である[4]。オーストラリアの小学校ではどこでも運動会（athletic carnival）を年に1回行っている。運動会は，学校の近くの陸上競技場を借りて行われ，内容は陸上競技とレクリエーション競技からなる。陸上競技のうちどの種目を行うかは学校によって異なるが，100〜800m の徒競争，円盤投げ，砲丸投げ，高跳び，幅跳びなどを行い，地区の競技会に出場する代表選手を決める予選会としての機能も果たしている。レクリエーション競技では，輪投げ，サッカーボールのドリブルリレー，パラバルーンと呼ばれる大きな布を使った運動遊び（写真9.1）などをする。低学年の児童は陸上競技には参加せず，レクリエーション競技のみを楽しむ。

日豪の共通点は，児童が楽しみ
にしている行事であり，かつ，集
団間競争の構造をもつことである。
オーストラリアの学校では児童は
クラスに属するだけでなく，縦割
り集団であるハウスにも属してい
る[5]。運動会はハウス対抗戦と
して行われるので，児童は他学年
の競技であっても，その勝敗は自
分のハウスの勝敗に影響するため，
懸命に応援する。競技に出ている
子も，たとえ走るのが遅くても
チームの一員としての精一杯のが
んばりを期待されるため，いい加
減な走りをするということはない
だろう。日豪とも，個人競技で
あっても，個人単位の競争がより

写真9.1　オーストラリアの運動会の風景

写真9.2　日本の運動会の風景

大きな集団単位の競争の一部となるように競争の次元を重層化することで，児
童から真剣な取り組みを引き出すことに成功している。

　いっぽうで，相違点も多くみられる。相違点の第一は，誰が競技に参加する
かという点である。オーストラリアの運動会では，児童が出場する競技を選択
でき，運動能力に自信のある児童は陸上競技を，自信のない子はレクリエー
ション競技を選ぶ。児童はたくさんの種目に出たがるので，出場機会を平等に
するために調整するのが大変なほどであり，障害のある子も先生やクラスメー
トのサポートを受けながら参加するので「どれにも出場しない」ということは
ない。他方，日本の運動会は，身体的事情や特殊事情がないかぎり学年に割り
振られた競技には全児童で参加し，「得意だから」「好きでないから」という理
由で種目を選択することはできない。その結果，すべての児童が未知の経験を

する機会を得ることになり，「苦手だと思っていたけれどやってみたら意外に楽しかった」「やはり走るのは苦手だ」というような気づきを得る機会となっている。

　相違点の第二は，行事の公開性の有無である。オーストラリアでは，運動会に保護者を招待するようなことはせず，観戦する保護者は少数である。また，運動会の事前準備に要する時間は出場種目の調整のみで，特別に練習時間をもつことはない。いっぽう，日本の運動会は広く保護者や地域の人々に公開され，学校の教育活動の様子を見てもらい，学校に対する理解を深めてもらう機会にもなっている。そのため子どもの競技中と観戦中の態度にも配慮がなされ，マスゲームには観戦者に対する見栄えのよさも求められる。入場行進の練習に対する賛否が話題になったころもあり，過度の練習と完成度を求める風潮はなくなっているものの，運動会を成功させるための練習時間は確保され，丁寧な指導がなされるのが特徴である。

　相違点の第三は，日本では運動会を子どもたちの社会性や人間性の形成の場としても位置づけており，そのため，協働性が求められる集団競技が意図的に選ばれることである。この傾向は中学校になるとさらに強まる。協働性が必要な集団競技は2つの効果をもたらす。1つは，個人の運動能力よりも練習による熟達が勝敗を決める鍵となるため，教師は，「がんばればどのチームでも優勝のチャンスがある」と子どもたちの競争心を焚きつけ，どのチームからも積極的な関与を取りつけることができるという効果である。ほかのチームには負けたくないという競争心から，子どもたちは熱心に練習に取り組み，ときには意見のちがいに直面したり，お互いに叱咤激励したりしながら，自分たちの競技を完成させていく。練習の過程で，チームの団結力と凝集性は高まり，競技の完成度も高まり，子どもたちの社会性や人間性も鍛えられることになる。

　もう1つは，子どもたちに「競争へのコミットの仕方」を教えることができるという効果である。これは運動会だけでなく競争的要素をもつ行事に共通してみられる興味深い効果である。教師は行事前には「がんばればどのクラスでも優勝の可能性がある」と子どもの競争心を刺激するものの，行事後には「が

んばったプロセス，そこで得られた学びや育んだ友情こそが大切」と，結果を無化する言説を繰り返し，勝者はもちろん，敗者もそこに投入した努力や時間を正当化できるように絶妙な意味づけを付与するのである。競争は不可避に勝者と敗者を生みだし，勝者はその活動に投入した時間と努力を正当化しやすいが，敗者はその活動に情熱を傾けていたほど挫折感や屈辱感に陥りやすい。近年では，幼いころから「負けるかもしれないことには挑戦したくない」と考える子どもが急増している。海外の学校でも「挫折に負けない強い心の育成」が学校教育目標に掲げられることが多く[6]，この問題は深刻となっているようだ。それに対し，日本の子どもたちは競争的要素をもつ学校行事での経験を通し，競争から逃げない心，そして仮に勝者になれなくともそれに挫折することなく，次なる目標を見いだしてそれに挑戦していく力を身につけていくだろう。

　日本人なら運動会の風景はおなじみのものであるが，他国の似たような活動と比較することで，日本の運動会が何にこだわり，子どもたちにどのような経験を与えているのかをわかりやすく描きだすことができるのである。

（3）領域論的国際比較：その2—児童会活動の日仏比較

　次に紹介するのは，フランスと日本の児童会活動を比較する研究である[7]。フランスの小学校には，児童会活動に類する組織として，生徒代表協議会（Conseil de délégués d'élèves）もしくは児童協議会（Conseil d'enfans）と呼ばれる組織がある。学習指導要領に定められた活動ではなく，特色ある活動として一部の小学校で実施されているものである。この会議に参加するのは，全クラス（1年生を除く場合もある）から選出された学級代表である。この学級代表は民主主義の選挙を模して選出されている。会議は月に1度開かれ，学校生活をよりよいものにするための意見交換や児童の主体的な活動の計画などが行われている。たとえば，事前に各クラスで話し合った「学校生活で困っていること」「学校への要望」を児童会担当の教員に伝え，それに対する返答を得て，学級にもち帰る活動や，校内美化のためのゴミ拾い活動が行われていた。フランスと日本の児童会活動の共通点として以下の2つを指摘できる。第一に児童

会活動の意義について，両国とも市民性と民主主義の教育の実践の場と位置づけ，自分たちの学校生活をよりよいものにするために，問題を解決したり，主体的に責任感をもって行動したりできる児童を育てることをめざしている点である。第二に，全校児童のリーダーとしての児童代表の選出方法について，両国とも小学校では児童代表を選挙で選出する学校は少なく，児童代表は高学年の学級代表が兼務していることである。日本では，伝統的に「場面リーダー」を大切にする風土があり，選挙でリーダーを決めてしまうのではなく，リーダーの仕事を輪番

写真9.3　仏の児童協議会の様子

写真9.4　日本の児童会の縦割り活動の様子

制で行い，あるいは「児童計画委員会の委員長」「異年齢交流活動のリーダー」などの各場面にリーダーをおき，多くの児童がリーダーを経験できるように工夫してきた。しかしながら2017年版学習指導要領解説では「主権者教育など，社会参画の態度を養う観点から児童会役員を児童の投票によって選出することも考えられる」（『小学校学習指導要領解説 特別活動編：87頁）との文言が新たに加わったため，今後は，民主主義の選挙を模した児童会役員選挙を行い，児童会役員を決めて，児童会のリーダーとして，また代表委員会の司会進行役として活躍してもらう学校が増えるかもしれない。

　いっぽうで，相違点も多くみられる。相違点の第一は，フランスの児童会活動は学校の特色ある活動として一部の小学校で実施されているにすぎないのに対し，日本の児童会活動は学習指導要領に位置づけられているため，すべての

小学校で実践されていることである。第二に，フランスの児童会は学級代表が集まって活動する組織であり，主に学級代表のリーダーシップや市民としての資質を高めることが意図されるのに対し，日本の児童会は全校児童のための組織であり，学級会や委員会活動を通し，全児童が児童会に直接的・間接的にかかわりをもち，すべての児童の市民としての資質を高めることが意図されていることである。そして第三に，フランスでは児童代表が学校運営や自治体運営にかかわる会議に出席し，学校や自治体を構成する構成員として，その意見が尊重されることである。最高学年（日本の小学5年生に相当）の児童代表は，3カ月に1回開催される保護者代表会議にも出席し，高学年の児童代表（日本の小学4・5年生に相当）は，学校の代表として地域評議会にも出席する。地域評議会とは，2003年度に創設された制度であり，市長も出席するこの会議において，会議開始後の30分間に，児童代表に発言の機会が与えられるということであった。

（4）機能論的国際比較─「問題解決能力をもつ市民の育成」の日仏比較

　今度は，機能論的国際比較研究の例を紹介していきたい。近年，社会の不確実性と多様性が高まるなか，多くの先進国において，学校教育に「問題解決能力をもつ市民」を育成することが期待されるようになった。フランスも例にもれず，これまでは，"教科のみを教える学校"の典型例であったフランスにおいてさえも，多文化社会が進展し，民族間の葛藤や，若者の薬物使用・望まない妊娠などの問題が社会問題化するなかで，学校もそれらの問題への対応を余儀なくされるようになり，これまではアソシエーションと呼ばれる社会教育組織に任せてきた社会性や人間性の教育も，学校教育の範疇で行うようになった。そこで，フランスにおいて「問題解決能力をもつ市民の育成」という機能をもつ活動を紹介していきたい[8]。ただし，機能的国際比較研究では，ある機能をもつ活動を学校の教育活動の全体から縦断的に探究し，その構造を明らかにすることを究極の目標とするものの，現在，筆者はその全体像を把握するだけの情報をもっていないため，ここでは，問題解決能力をもつ市民の育成のため

164

にフランスで取り組まれている2つの活動を紹介することにとどめたい。それは，クラスで生じた問題について話し合う学級会と，休み時間に起きた喧嘩などのトラブルを児童が仲介役を務めて解決するメディアトゥールの活動である。

　第一の学級会については，2002年の学習指導要領改訂において，カリキュラムのなかに日本の「学級活動」に相当する領域が創設され，小学校の基礎学習期（小学校1・2年）では「ともに生きる（Vivre ensemble）」（写真9.5），深化学習期（小学校3・4・5年）では「集団生活 – 定期的な討論（Vie collective-débat réglé）」，コレージュ（中学校）では「学級生活の時間（Heures de vie de classe）」という時間がもたれるようになった（その後，2008年の学習指導要領の改訂において，「ともに生きる」「集団生活 – 定期的な討論」は「市民性と道徳の教育（EMC）」に統合された）。2002年に訪れたナンシー市の小学校では，毎週金曜日に30分間，「定期的な討論」という時間が設けられ，先生と子どもたちがクラスの問題を解決するために話し合いをしていた。この学校ではすべてのクラスに意見箱と，意見を書く3種類の用紙が置かれている。3種類の用紙とは，ヘッダーにそれぞれ「いいこと（ça va）」「よくないこと（ça va pas）」「好きなこと（j'aime bien）」と記されている。子どもたちはクラスのなかで起こった出来事についてそれぞれの用紙に匿名で記入し，意見箱に投書する。「定期的な討論」の時間では，箱に入っている投書を読み上げ，クラスの問題については解決策を見いだすべく討論を行う。この実践を通してクラスの問題を「よくないこと」として発見する力，それを皆でアイデアを出しあって解決しようとする力，そのプロセスで相手の意見を理解し，それをふまえつつ自分の意見を表明するコミュニケーション能力を高めることをめざしている。さらに「いいこと」「好きなこと」として自分や他者のよい行いや好きなことを発見し，お互いに認め合うことで自尊感情（self-esteem）を高めることもめざす。担任の教師によると，はじめは問題を問題として捉えて紙に記入する，あるいは友だちのよい行いや嬉しかったことをうまく表現することができない児童も多かったが，この実践を継続して行うことで，日ごろの学級生活のあらゆる事柄を市民性や社会性を育てるよき教材にすることができたとのことである。

第二の，メディアトゥールと呼
ばれる仲裁活動は，生徒が休み時
間に起きた小さな問題を解決する
ための仲裁役を担うというもので
ある。パリ市にある小学校では，
普段の素行や成績にかかわりなく，
高学年のすべての児童が順番に1
週間ずつメディアトゥールに任命
される。この活動を通して，生徒
は仲裁者として人の役に立つ経験
ができるうえ，とくに普段の素行
があまりよくない生徒にとっては，
自分が起こす可能性のある小さな
問題の解決を担うことにより，自
分の日ごろの行いを客観的に把握
し，改善する意欲をもつことがで
きるといわれている。この活動は，

写真 9.5　「ともに生きる」の授業風景

写真 9.6　オーストラリアの仲裁活動

パリ市のほかの小学校でも実践されていたうえ，オーストラリアの小学校でも
実践されており（写真 9.6），日本ではあまりなじみがないものの，諸外国の学
校でよく行われている実践であるようだ。

　いっぽう，日本の学校にはどのような「問題解決能力をもつ市民の育成のた
めの実践的活動」があるだろうか。ここでは第一に，学級活動に含まれる話し
合い活動において，特徴的な活動が行われていること，第二に，理念的には特
別活動のすべての下位領域において，活動が問題解決型の学習過程をもつこと
が期待されていることを指摘しておきたい。

　第一の学級活動に含まれる話し合い活動については，きわめて日本的な“折
り合いをつけながら合意形成する”という方法で問題解決力のある市民の育成
が行われている。ある教室では「お楽しみ会で何をするか」という話し合いが

行われており，男子はサッカーを，女子はドッジボールを候補としてあげていた。男子がサッカーをしたい理由は，サッカーが好きで休み時間だけでは十分に遊びきれないからというものであり，女子がドッジボールをしたいのは，クラス全員が一緒に楽しむことができるからである。話し合いは平行線となり，男子が「女子がドッジボールをして，男子がサッカーをすればいい」という案を出したが，女子は「男女別々にやるのだったら，お楽しみ会にならない」と反論した。さらに「わたしはドッジボール，あまり好きじゃない。ボールがあたると痛いし，狙われると怖いから」と発言する女子が現れ，それに続き「ポートボールをやりたい。男子も女子も全員で楽しめるし，この前の体育でやったときとても楽しかったから」と発言する女子が現れ，議論の流れが大きく変わる。男子も女子も「それはいいね」と納得し，お楽しみ会の活動はポートボールとなった。話し合いにおいては，サッカーに固執していた男子も，ドッジボールに固執していた女子も納得できる解決策を見いだすことが大切であり，折り合いをつける根拠となるのが「お楽しみ会とはどういうものか」「何のためにやるのか」というお楽しみ会の意義であり，さらにいえば，お楽しみ会を学級活動のなかで実施することにした学級目標の存在である。学級目標とは「どのようなクラスであるべきなのか」「どのようなクラスにしていきたいのか」という，教師と児童がともに決める学級経営方針である。活動の意義や学級目標を参照することで，採用されることのなかった案を出していた児童にも納得が得られ，すべての児童が合意形成した活動に意欲をもって取り組めるのである[9]。

　これに対して，欧米の話し合いのあり方は極端にいえばディベート方式である。複数の案が示されたとき，自分の提案のメリットを明示し，相手の提案のデメリットを指摘し，どの案がベストな選択であるのかを模索していく。そして最後には議論をふまえたうえで，多数決により採用すべき案が決められる。このような場合，採用されなかった案を支持していたものは，結果を受け入れざるを得ないものの，本当の納得はえられていないこともあり，決められた案に積極的になれないこともあるだろう。

ハンナ・アーレントが『全体主義の起源』ですでに指摘しているように[10]，現代社会は「複数性」の共存をいかになしえるかが重要な課題となっている。自分とは価値観や立場が異なる存在も認め，所属する組織や社会が「どうあるべきなのか」という理念を参照しながら，お互いの意見のちがいのなかに折り合いをつけていく。そうした力をつけることのできるのは「戦いとしてのディベート」ではなく「折り合いをつけながらの合意形成」であろう。

　第二の，「理念的には特別活動の学習過程は問題解決学習である」ということについてみていこう。新しい学習指導要領では，特別活動のうち，とくに学級活動「（1）学級や学校における生活づくりへの参画」の内容と，児童会活動が問題解決学習の場であると明確に特徴づけている。また，2017年版学習指導要領解説にはすべての下位領域について「学習過程」が示されており，①問題の発見・確認，②解決方法の話合い，③解決方法の決定，④決めたことの実践，⑤振り返り，そして次の課題解決へ，というように PDCA サイクルを意識しながら諸活動の学習過程がらせん状に高まっていく様子が描写されている。学級活動（2）（3）やクラブ活動，学校行事においてさえも，教師が決めた活動に児童が従事するのではなく，児童が合意形成や問題解決に関与しつつ活動が展開されることが期待されている。年間を通して，数多くの特別活動としての活動が行われているため，実際にそれら1つひとつを「問題解決的」「合意形成的」に行うことに時間的な制約が伴うだろう。しかしながら，「問題解決的であるべき」「合意形成的であるべき」という理念を見失うことなく活動を計画・実施することが大切である。

3 諸外国から注目される特別活動

　"諸外国との対話"の2つ目の観点である「特別活動が海外から注目されている」という点についてみていきたい。特別活動が海外から注目されていることは新聞やニュース報道で報じられている。たとえば，朝日新聞は，2014年1月8日付の朝刊（教育面）にて「あいさつや掃除などを通じ，人格形成を掲げてきた日本の学校。"グローバル時代に必要な協調性が身につく"と"特別

活動（特活）"への関心が海外で高まる」と報じ，2015 年 10 月 24 日付の夕刊（社会面）でも「"特活" 世界が注目：学校の掃除・給食礼儀養う：昨年度，79 カ国から視察」と報じている。新聞記事では，「視察団を招いた国際協力機構（JICA，本部・東京）によると，海外の学校では特活は一般的でないという。特活など日本型教育の視察に来る海外の教育関係者は年々増え，2000 年度は 43 カ国 172 人だったが，14 年度は 79 カ国 617 人に上った」と日本型教育に海外からの関心が高まっていること，「視察したエジプトの元高等教育大臣でカイロ大教授のハニー・ヒラールさんは "特活では自分たちで考えて行動する力を育てられる。よりよい教育のためには日本の特活が必要だ"」と話し，「現在，エジプトで日本型教育を採り入れた学校を約 100 校つくる構想がある」と述べたと報じている。

　実際に，エジプトでは日本の特活が導入されつつあり，またモンゴル，レバノン，中国，インド，アフリカなど多くの国から「日本の特別活動が見たい」と多くの使節団が訪日し，日本の特別活動や学校行事から多くを学び，それらを自国の学校教育に生かそうとしている。この背景には，東京大学教授の恒吉僚子や國學院大學教授の杉田洋が，日本の学校において全人教育に寄与してきた特別活動を，新しい日本型教育モデル「TOKKATSU」として世界に向けて発信したことが契機となっている。このようななか，日本政府も 2016 年 8 月に「日本型教育の海外展開推進事業キックオフシンポジウム」を催し，諸外国からの問い合わせに答えるプラットフォームづくりを進めている。

（1）なぜ特活は世界から注目されるのか

　ここで 1 つ，読者のみなさんに質問してみたい。いつも数学の試験は満点だが，指示がないと動けず，友だちと交流するのも苦手な A 君と，数学の試験は 70 点くらいだが，何事にも積極的に取り組み，困った状況でも友だちと協力して乗り越えていける B 君がいたとする。今，ふたりは中学生。ふたりが社会で活躍する数十年後には，今まで人間がやってきた仕事のうちロボットが肩代わりできる仕事はロボットがするようになり，これまでにはなかった新し

い職業が生まれるといわれている。また，国家間の対立や地球環境の悪化など，これまで以上に複雑で解決のむずかしい問題が山積みになった世の中になるようだ。そんな不確実性と不透明性の高まる社会[11)]で，うまくサバイバルし，よき社会の担い手になれそうなのは，A君だろうかB君だろうか。

　これまでは，たくさんの知識を正確に覚えていること，計算などの課題を素早く正確に行えることが「優秀」だとみなされてきた。しかし現在は，調べ方さえ正しければいくらでも瞬時に知識にアクセスでき，計算や作業はコンピューターがしたほうがずっと早い。そこで，これからの社会に生きる子どもたちにはどのような力をつけておけばいいのか，ということが議論されるようになった。よく知られているのは，経済協力開発機構（OECD）の組織するDeSeCoが提言した「キー・コンピテンシー」[12)]と，アメリカを中心とした国際団体「ATC21s」の提唱する「21世紀型スキル」[13)]である。これらのキー・コンピテンシーや21世紀型スキルの内容をみると，共通して次の3つの力を重視していることがわかる。①自分の生活環境や職場環境のなかに問題や課題を発見し，適切な問題解決プロセスを経たうえで，その状況を改善していくことのできる力（＝問題解決能力），②自分とは異なった立場や意見をもつ人々とともに，適切な方法を用いながら意見を調整し，よりよい集団的意思決定を行い，それを実行していくことのできる力（＝多様性の尊重，民主的意思決定），③知識を知っていたり，計算ができたりするだけでなく，具体的な問題状況においてそれらの知識やスキルを適用し，問題解決に生かすことのできる力（＝知識やスキルの基礎的・汎用的能力）。

　また，最近の幼児教育・学校教育をめぐる議論のなかでは，認知能力（Cognitive skills）と非認知能力（Non cognitive skills）[14)]や，社会情動的スキル（Social and Emotional Skills）という言葉もキーワードになっている。認知能力と非認知能力とは，認知能力が「読み書き算数」のような知的発達にかかわる能力であるのに対し，非認知能力は，忍耐力，社会性，自尊心などをさす。この非認知能力のことを，OECDは社会情動的スキルと呼び，学業達成を含む社会的成功と個人的な幸福の達成に必要なスキルであると重視している（図9.1）。

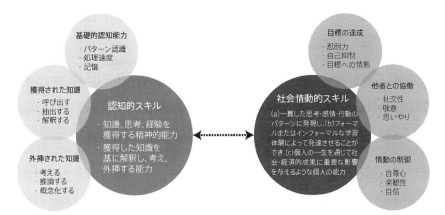

図9.1 認知的スキル，社会情動的スキルのフレームワーク

出所：OECD／ベネッセ教育総合研究所（2015）「家庭，学校，地域社会における社会情動的スキルの育成」（翻訳本）13頁より転載[15]

（2）未来志向型コンピテンシーと日本の学校カリキュラム

　このように，認知能力だけでなく非認知能力をも大切にすべきだとする風潮のなかで，改めて日本の学校のカリキュラムをみると，日本の学習指導要領は認知的能力を育てる教科と，非認知的能力を育てる道徳や特別活動を有し，両者のバランスがよいカリキュラムであることがわかる。各国が，これらの未来志向型コンピテンシーや社会情動的スキルを自国の学校教育を通じて実現するために，カリキュラムの構造を見直し，あるいは，学習内容や授業方法を改善するなどの教育改革を推し進めようとしているなか，OECDは「日本の改革は，もはや諸外国へのキャッチアップではなく，世界をリードする役割を期待されている」と述べ，とくに総合的な学習の時間と特別活動に高い評価を与えている[16]。

　日本研究の権威であるミルズ大学のキャサリン・ルイスは，日本の特別活動を「不確実性の高まる将来に向けて，世界の学校教育が認知的能力と非認知的能力（多くは社会情動的スキルと呼ばれる）のバランスのよいカリキュラムを必要としているなか，日本の学校教育は既に特別活動で後者の育成に成功しているといえる。その方法は社会情動的スキルを身に付けさせるための特別のプロ

グラムを行うというよりも，子どもたちの学校生活の文脈に"織りめぐらされている"方法による」と述べている[17]。

　カリキュラム上は便宜的に各教科が認知能力を，特別活動や特別の教科道徳が非認知的能力を担う構成になっているが，実際にカリキュラムが展開される学校生活においては，子どもたちの学校生活上の問題を特別活動の「学級活動」において議論したり，各教科で学んだことを学校行事の「学芸的行事」において発表したりするというように，相互に連携をとりながら，子どもたちの学校生活の文脈と脱連結しないで特別活動が位置づいているというのが大切な点である。以上により，日本の学校に特別活動がある意義とは，日本の学校が認知能力と非認知能力を兼ね備えた人間を育てるための全人教育を行ううえで，欠かせない活動であるからということができる。

4　特別活動の国際比較研究の第三の道

　これまで領域論的国際比較研究と機能論的国際比較研究について紹介してきた。これからぜひ進めていきたい第三の研究とは，日本の特別活動に類似するものを外国に探しにでかけるのとは逆に，諸外国のニーズに合わせて日本の特別活動を「新しい日本型教育モデル」として世界に提示していくというものである。この研究では，たとえば「開発教育が必要な発展途上国において，貧困家庭の就学率をあげるためにはどのような学校活動を実施するのが効果的か」という問いを立てることになる。そして受け取り手のニーズと社会状況に配慮しながら，これまで日本が行ってきた活動や行事を受け取りやすい形に構造化すること，そしてその効果や機能をわかりやすく説明することが求められる。「海外の目にどう映るか」を合わせ鏡にすることで，私たちがもっていた特別活動に対する暗黙知を言語化することにもなるであろう。

　日本人にとって特別活動は学校にあるのが当たり前で，ともすると習慣化，ルーティン化され，その意義を意識化することなく進めてしまうこともある。諸外国との対話を通して，私たち自身が特別活動のもつ意味や意義を再認識すること，とくに未来志向型コンピテンシーとのかかわりのなかで，特別活動が

子どもの何を育てているのかを意識しながら実践していくことが大切である。

　若い読者が，日本の特別活動の魅力と重要性を胸に刻み，よき実践家として成長されることを切に願って本章を終えたい。

深い学びのための課題

1．オーストラリアの市民性を高める活動について…オーストラリアの多くの小学校には，いいことをするとご褒美がもらえる取り組みがある。友だちにやさしくする，教室の片づけをする，きれいな字で課題を仕上げるなど，よい行いがみられると，その場にいる教師からシールがもらえる。そのシールを10枚集めると，くじ引きができ賞品がもらえるのである。オーストラリアの学校では，ご褒美が教育活動に積極的に取り入れられている。シールを渡すことで「よい市民としての行動は何か」を教え，よい行いをしようとする子どもの意欲を高めているのである。あなたはこの活動を日本の学校教育にも取り入れたいと思うか。その理由は何かについて考えてみよう。
≪考えるヒント≫
　日本の大学生に，「この仕組みを日本の学校にも取り入れたいか」と質問をすると「なんとなく抵抗がある」「導入したくない」と答える学生が少なくない。その理由は「よい行いはご褒美のためにするのではない」「ご褒美をもらいたいからやったわけじゃないのに，という複雑な気持ちになる」からというのだ。本文中にも登場したキャサリン・ルイス教授は「教育に賞罰を用いるのは，子どもをコントロールする容易な方法だからであるが，このやり方は日本では抵抗が持たれる。日本は『良いことだからそれをする（褒美が欲しいからではない）』『悪いことだからそれをしない（罰を受けたくないからではない）』ということが成立する，世界でも珍しい国だからだ」と述べている。
2．あなたが諸外国に紹介したい特別活動とは何か…現在，諸外国が関心を持っている特別活動は「話し合い活動」「掃除」「給食」である。特別活動にはさまざまな下位領域と活動がある。あなたがぜひ諸外国に紹介したい活動は何か。その理由も併せて考えてみよう。

注
1）国際学力調査（PISA，TIMSS）の概略と日本の結果は，文部科学省ウェブサイト http://www.mext.go.jp/a_menu/shotou/gakuryoku-chousa/sonota/1344324.htm を参照のこと（2020年9月1日最終確認：以下の URL も同じ）。
2）官房国際課に「日本型教育の海外展開推進プロジェクトチーム」が立ち上がり，文部科学省は2016年に EDU-Port ニッポンというポータルサイトを立ち上げた。EDU-Port ニッポンのポータルサイトは，文部科学省ウェブサイト https://www.eduport.mext.go.jp/で閲覧可能である（2017年9月1日最終確認）。
3）教育課程部会，教育課程企画特別部会（第20回）配付資料（2016年8月19日）313頁の概念図

（本書の図 1.3）をみると，それが意図されていることがよくわかる（http://www.mext.go.jp/b_menu/shingi/chukyo/chukyo3/053/siryo/__icsFiles/afieldfile/2016/08/22/1376199_2_2_6.pdf）。

4）山田真紀（2016）「小学校における教科外活動の編成形態に関する日豪比較」『オセアニア教育研究』第 12 号，65-79 頁。

5）オーストラリアの学校は宗主国であるイギリスの影響を受けている。たとえば「ハリーポッター」の魔法魔術学校で，子どもたちがグリフィンドール，スリザリンなどの寮に所属し，それぞれの寮は互に競い合っているように，オーストラリアの小学校でも，3〜4つのハウス（縦割り集団）に全児童が振り分けられ，それぞれのハウスは競い合う関係にある。

6）近年，学校教育目標としてレジリエンス（resilience）を掲げる学校が増えているという。この単語の教育学上の意味は「困難な状況に負けない力」「挫折から回復する力」である。

7）山田真紀（2009）「児童会活動の実践に関する国際比較調査—フランス・ドイツ・オーストラリアの初等教育に注目して」『日本特別活動学会紀要』第 17 号，39-48 頁。

8）山田真紀（2007）「フランスの教科外教育」武藤孝典・新井浅浩編『ヨーロッパの学校における市民的社会性教育の発展—フランス・ドイツ・イギリス』東信堂，119-138 頁。および，武藤孝典・新井浅浩・山田真紀（2007）「フランス・ドイツ・イギリスにおける"学級づくり"活動の実践に関する比較検討」『日本特別活動学会紀要』第 15 号，17-28 頁。

9）ここで示した事例は，日本特別活動学会第 26 回大会（東海大会，2017 年 8 月 26 日・27 日，椙山女学園大学）におけるシンポジウム「グローバルスタンダードな特別活動の創造—国内外発信の意義と方法—」で清水克博（金城学院大学・前名古屋市特別活動実践研究会会長）が紹介したエピソードである。清水克博（2017）「教育方法学の視座から見た特別活動研究の可能性—Lesson Study における授業逐語記録を用いた授業分析を通じて」『日本特別活動学会第 26 回大会 研究発表要旨収録集』18 頁。

10）ハンナ・アーレント／大久保和郎・大島かおり訳（1974）『全体主義の起原 3 全体主義』みすず書房。

11）キャシー・デビッドソン（ニューヨーク州立大学教授）の「2011 年度にアメリカの小学校に入学した子どもたちの 65％は，大学卒業時に今存在していない職業につくだろう」と，マイケル・A・オズボーン（オックスフォード大学准教授）の「今後 10〜20 年程度で，アメリカの総雇用者の約 47％の仕事が自動化されるリスクが高い」という発言が，今後，社会の不確実性が高まる根拠として言及されるようになる。たとえば，「教職員等の指導体制の在り方に関する懇談会提言」（平成 27 年 8 月 26 日，http://www.mext.go.jp/a_menu/shotou/hensei/003/1361243.htm）や，「産業競争力会議雇用・人材・教育 WG（第 4 回）文部科学省提出資料」（平成 27 年 2 月 17 日，http://www.kantei.go.jp/jp/singi/keizaisaisei/wg/koyou/dai4/siryou2.pdf）など。

12）OECD（2005）The Definition and Selection of KEY COMPETENCIES, http://www.oecd.org/pisa/35070367.pdf

13）http://www.atc21s.org/

14）Tim Kautz, James J. Heckman, Ron Diris, Baster Weel, Lex Borghans（2014）, *Fostering and Measuring Skills: Improving Cognitive and Non-Cognitive Skills to Promote Lifetime Success*, OECD. http://www.oecd.org/edu/ceri/Fostering-and-Measuring-Skills-Improving-Cognitive-and-Non-Cognitive-Skills-to-Promote-Lifetime-Success.pdf

15）OECD（2015）*Fostering Social and Emotional Skills Through Families, School, and Communites* は，池迫浩子・宮本晃司（ベネッセ教育総合研究所）により翻訳され，公刊されている。インターネットからも PDF ファイルが入手可能である（http://berd.benesse.jp/feature/focus/11-OECD/pdf/FSaES_20150827.pdf）。

16）「2030 年に向けた教育の在り方に関する日本・OECD 政策対話」では，OECD により，日本の教

174

育改革や，特別活動に対して高い評価がなされたことが紹介されている。たとえば，「OECD から
は，我が国の社会ニーズに応えた，将来志向のカリキュラム改革の取組等について高い評価がなさ
れ，Education 2030 を通じた国際貢献について，改めて期待を表明」「日本は "総合的な学習の時
間"，"特別活動" により先導し高い評価。各教科の能力を着実に習得し，「総合的な学習の時間」
を通じて実社会で生きる力に高めている」。「教育課程企画特別部会の論点整理　補足資料」（30
頁）より。(http://www.mext.go.jp/component/b_menu/shingi/toushin/__icsFiles/afieldfile/2015/
09/24/1361110_2_1.pdf)。「こうした改革は国際的な注目も集めているところであり，例えば，
OECD との間で実施された政策対話の中では，学力向上を着実に図りつつ，新しい時代に求めら
れる資質・能力の向上という次の段階に進もうとしている日本の改革が高く評価されるとともに，
その政策対話等の成果をもとに，2030 年の教育の在り方を国際的に議論していくための新しいプ
ロジェクトが立ち上げられたところである。こうした枠組みの中でも，日本の改革は，もはや諸外
国へのキャッチアップではなく，世界をリードする役割を期待されている」（下線は筆者による）。
「教育課程企画特別部会　論点整理」（4 頁）より (http://www.mext.go.jp/component/b_menu/
shingi/toushin/__icsFiles/afieldfile/2015/12/11/1361110. pdf)。
17）キャサリン・ルイス（ミルズ大学上級研究員）「"特別活動" から世界は何を学べるのか」前掲
『日本特別活動学会第 26 回大会 研究発表要旨収録集』12-13 頁。

第10章

特別活動を教えるものの学び

　第Ⅰ部では，本書を「特別活動」論として読み進めていくための問題提起と，「特別活動」の現体制の確認を行った。第１章で，本質論として特別活動の存立意義から問い直すことから始め，第２章で，〈評価〉の視点から「特別活動」の目標と評価法を論じることで，その教育的意義を確認した。第Ⅱ部では，「特別活動」を実践・運営する授業者・教師が活動をつくりあげる手助けとなる視点や考え方を説いた：それらは，「体験」「伝統・文化」「異年齢集団」「話し合う・学び合う」「企画すること・運営すること」「キャリア」「国際比較の視点」。いずれも，「特別活動」に従事し，指導・支援するうえで，考慮すべき，工夫を要すべき論点である。従来の「特別活動」理解や「特別活動」論が，学習指導要領の変遷を中心にその解釈論議や解説に重きをおいてきたと同時に，その論議にとどまってきたきらいは払拭できない（國枝　2008）。それは「特別活動」の"現状"と法制度的背景を的確に掌握していくことを可能にしてきた反面，そこには欠けてきた批判的に発展的に議論していくための視点と枠組みを本書は提起してきた。「特別活動」を本質的に問い直すための手がかりとしてほしい。

　最後に本章では，この先の，「特別活動」のあり様を見据えながら，それに取り組むための枠組みと手がかりを議論しておきたい。

1 「社会に開かれた教育課程」を担う教師として

（1）TALIS 調査報告が投げかける「特別活動」へのまなざし

　「特別活動」は，構成の異なる集団での活動を通して，望ましい集団づくりとそのなかで自己実現に向かって自己形成していくことを図ることが目標であ

る。クラスや学年，全校と活動に応じて集団のサイズも展開し，家庭や地域社会，同好の集まりや職業の基盤となる小集団など，各集団のそれぞれの特性やあり様のなかで将来自主的・主体的に取り組んでいけるよう上記の目標がめざされる。それは日常的に，学級や HR をベースに，あるいは各教科担当として職務にあたっている教師にとって，職務の基本枠・基本単位とは異なる集団や場を別途準備し，調整し，その活動に務めることを要する。

　いっぽう，OECD による TALIS 調査「教員の勤務時間調査」では，特別活動やそれに類する活動が，日本の教師にとって勤務実態上圧迫しているのではないかと議論を呼び起こしてきた（表10.1）。

　表10.1「課外活動の指導（例：放課後のスポーツ活動や文化活動）」の項目にみるように，日本の中学校教員の仕事時間比率は，他国と比べてほかに見られないほどの大きな差を示している（［日本中学校］：［参加48カ国平均］＝ 7.5：1.9）。その要因として，部活動の顧問や指導担当者としての従事が指摘され，批判的な議論の焦点となった。

表 10.1　教員の仕事時間　　　　　　　　　　　　　　　　（単位：時間）

	中学校		小学校
	日本（前回調査）	参加 48 カ国平均	日本
【仕事時間合計】	56.0（53.9）	38.3	54.4
指導（授業）	18.0（17.7）	20.3	23.0
学校内外で個人で行う授業の計画や準備	8.5（8.7）	6.8	8.6
学校内での同僚との共同作業や話し合い	3.6（3.9）	2.8	4.1
児童生徒の課題の採点や添削	4.4（4.6）	4.5	4.9
児童生徒に対する教育相談（例：児童の監督指導，インターネットにおけるカウンセリング，進路指導，非行防止指導）	2.3（2.7）	2.4	1.3
学校運営業務への参画	2.9（3.0）	1.6	3.2
一般的な事務業務（教員として行う連絡事務，書類作成その他の事務業務を含む）	5.6（5.5）	2.7	5.2
職能開発活動	0.6（—）	2.0	0.7
保護者との連絡や連携	1.2（1.3）	1.6	1.2
課外活動の指導（例：放課後のスポーツ活動や文化活動）	7.5（7.7）	1.9	0.6
その他の業務	2.8（2.9）	2.1	2.0

出典：OECD 国際教員指導環境調査（TALIS）2018 報告書（2018）

ここに注がれたのは，学校教員の業務の腑分け作業を求める「働き方改革」の目線である（背景に，学校・教育の世界に限らず，現代国際社会で求められる労働生産性の観点からみた日本社会への問いかけだという文脈があることは再度確認しておきたい）。この問いかけに対して，暗に抗ったり，無視することは建設的でも得策でもない。反面，数値や比率を鵜呑みにし，その上がり下がりに躍起になることもまた，問題の本質を見損なう表面・形式的な対応にとどまる危険性に留意したい。「特別活動」のみならず，「課外活動」「教科外活動」という対象の割愛・軽減措置をめぐる論議を次項以降，整理していこう。

（2）「特別活動」をめぐる論調・社会的風潮

①学校のスリム化と地域社会の変容

　地域社会のもつ教育力との協働・連携は，学校をおおいに助けてきた。ところが現代では日本社会そのものが変質してきている。少子高齢社会はもちろん，年齢層の分布や偏重は地域的な偏りもみせる。都会を離れるほど，高齢化は進行し，小中高の児童・生徒にたずさわることが可能な実年層の人材は不足を極める。安易な地域社会への移設や引き渡しは，学校を助けるどころか地域社会や家庭への新たな圧迫をつくり出すことが容易に推量できるし，そのことが翻って児童・生徒への不利益をも生み出しかねないことまで考えねばならない。

②"ブラック"論

　現代日本社会は，学校がかかえもってきた多様な教育のコンテンツを手放す向きで問い質している。それは，学校において複合的に相補的に執り行われていた諸活動を，その複合性および多様さゆえに，さらには，"非"教科学習であるがゆえに，教師側の過剰負担とみなすまなざしである。しかし，学校はすこぶる計画された目的的機関である。どの活動もそれぞれ教育的機能をもたせ託してきたものである。ところが，表面的・明示的な数量や制度は，こうした諸側面を混ぜ込んで「ブラック」とみなし，"白か黒か"絶対的二者択一が可能でかつ正当であるかのように，その忌避や排除が始まっている。ことはそう簡単でもなく，割り切れるものでもない。現状を無批判に継承することを望む

つもりはないが，大ナタを振るうことは，何を削ぎ落すことになるのか，ノスタルジーや感情論，事なかれ主義を超えて，エビデンスに基づく的確な判断を要する。

③教員の多忙問題

いずれ，時間や内容の量的問題は，端的な量的処方での解決を求めることになる。しかし，そこには質的問題からも問う必要がある。田中・佐久間・佐藤（2018）は，特別活動に際し，教員の準備業務は複層的に重なること，しかも校内のみならず校外との協働のために行われることから多忙状況になる点を指摘する。そしてその準備業務は余分なものではなく，児童・生徒のための教育活動に必要不可欠である点が確認される。つまり無駄に多忙なわけではない。その多忙を産む諸業務が果たしてきた教育的効能が何であるのか，日常の教育業務をどのように担い支えていたのかを確認せぬまま，安易に割愛・削減していくことには慎重でありたい。

このことから，この議論が，「特別活動」の本分と，それにたずさわる教員の業務についての本質的な確認に基づく腑分けを要することに結びつくことを確認しておこう。

（3）「社会に開かれた教育課程」をめぐって

2017・2018 年版学習指導要領体制は，"社会に開かれた教育課程"であることを本分としている。では，"社会に開く"力を，教師はどのように捉え，会得していけばよいのだろうか。

新たな学習指導要領体制で教師は，「社会や世界の状況を幅広く視野に入れること」「教育課程の目標を社会と共有していくこと」「これからの社会を創り出し，向き合いながら人生を切り拓いていくための資質・能力を明確化して育てていくこと」（次期学習指導要領等に向けたこれまでの審議のまとめについて（報告）平成 28 年 8 月 26 日　教育課程部会）といった対社会的なアプローチを求められることとなった。ところが，学校外諸機関と関連していくための対外的な交渉や連携の時間的・手間暇的な多忙感が取り沙汰される一方で，「教育課

程の実施に当たって，地域の人的・物的資源を活用したり，放課後や土曜日等を活用した社会教育との連携を図ったりし，学校教育を学校内に閉じずに，その目指すところを社会と共有・連携しながら実現させること」までもが求められる。それは，この教育課程下で重視される〈カリキュラム・マネジメント〉という，職務遂行上の見直しのための新時代の教師の業務に対する視野と視線の送り方に他ならない。国から，学校から示された，変わらぬ年中行事・イベントとして，遂行を当然の前提とした各種活動から，いかに学習主体が自らの学びとして取り組むことのできる教科外活動として仕掛け，支援していけるよう組み直すのか。それは，教師のあり方・身の処し方をも伴う，「特別活動」に対する本質的問いと哲学抜きでは考えられない。

2 これからの社会における「特別活動」

　そして 2020 年に出現し，世界的に蔓延する Covid19 禍により，Social distance が叫ばれ "新しい生活様式" が問われるように，この社会集団のあり様までもが変化を余儀なくされつつある。当然それは，児童・生徒のさまざまな集い方を求める「特別活動」のあり様にも影響は拭えず，考えて直す転機とさえなるかもしれない。

　学校行事も，通過儀礼や年中行事として，"祝い" "慶ぶ" 場は用意されてきた。反面，日本人の祝祭行動や儀式に対する観念についても，児童・生徒の日常生活レベルで，すでに御座なりな文化習慣としては扱いにくくなってきている。"生活と密着しているから"，"儀礼慣習としてなじみがあるから" などという無批判な前提自体が，すでに実情と異なってきていることから考えていかなければ，今度は形骸化するだけでなく強制性を色濃くみせるものへと変容してしまうおそれは拭えまい。

　もちろん，教育基本法でもうたわれるような伝統文化の継承の意図という点から見つめ直す機会となろう。集団宿泊行事ひとつをとってみても，日本人の行動様式としての旅行や遠出という過ごし方や生活上の意味も明らかに変わってきている。また，社会を構成する一員として，また，児童・生徒一個人の自

己実現の糧として，運動・スポーツや文化・芸術活動への参加機会もまた，〈余暇の過ごし方〉として働き方改革と合わせて捉え取り組んでいく見方があらためて問われていく。また，奉仕からボランティアへと，日本人にとっての集団と個の立ち位置やつながり方について社会全体で行動様式や価値観を深め広げてきた好例のように，さらに新たな意識や態度・姿勢も生まれ，育まれていくだろう。

　2020年現在，世界的にも求められている非認知能力やコンピテンシーにも目を向け，それを育成していく有力な場として特別活動を見渡すことは重要である。「特別活動」は，社会情動的スキルの育成とも相性がよいとされる（OECD　2018）。そのためには，定められた社会・集団的行動目標や各活動を上意下達式に遂行すれば事足りるという旧来の「特別活動」論では補いきれない。ユネスコの「Education2030」に示された「SDGs」のような目標観念への関心と高まりを念頭に，「特別活動」を見直してみることも必要であろう。求めたいのは，社会情動的スキルを適切に見定めること，その育成を評価する妥当な手立てを用意することである。

　SDGsで示される，意識・価値観・行動様式は，エージェンシーとしての人々の生き方・あり様を根底から問い返すはずのものである。金科玉条やお題目としての生活目標から，生きざまやレゾンデートルともつながった真の意味での自己への問いや学びとして問われていく，社会との向き合い方として取り組まれなければならない。それはこれからの若者にとって，社会を構成していくうえでの必要不可欠な教育的価値なのである。

　「特別活動」は，日本的な学校教育の一面として評価されてきたと同時に，その日本的な社会のあり様そのものが問い返されつつある現代において，継承と見直しが両立していかなければならない時機にある。とりわけ，日本は集団主義を指摘されて久しい。それは日本社会の特質であるといわれてきたと同時に，学校社会・学校組織を特徴立てて捉えるうえで，教育上の仕掛けとしても足元を成す土壌として重用されてきた。そのことは，近年日本社会でけだし問われる同調圧力論議や閉じた社会性の問題にもつながっている。だからこそ，

「協働性と異質なものを認め合う土壌」を肥やす活動として，学校社会のなかで期待されてきた道理も理解できる。ところが一方で，日本社会の特質とされて久しい集団主義も，懐疑的に観ることも可能である。高野（2008）の指摘のように，日本人の集団主義はある種の錯覚や思い込みであるという見方もできる。人と社会・集団のあり方もまた，変わりつつある過渡期にある。集団であることを集団に学ぶ「特別活動」もまた，本質的に問い直す時期にあることを，何よりも教師が理解し，自らもそのエージェンシーとしての自覚をもって取り組んでいくことが必要不可欠である。

　本来，人と集団のあり方については，自立／自律した個人としての成長を託し，主体性を発揮していくことが望まれるし，その集合体としての集団の成熟をもねらうことは高望みではあるまい。ならば，その学びも，「所属感・連帯感」から，「（学級・学校）文化としての醸成」までも求められうる。自分たち自身と同時に，その集団のあり様をも見つめ，考え直し，身のおき方，取り組み方をも相対化しながら，そこを暮らしていく，重要な教育機会として「特別活動」は取り組まれていくべきものである。同時に，このことを念頭に，「特別活動」にたずさわる教師もまた，社会をともに構成している先達として，ともに暮らしていく一員同士として，学校教育のなかで処していく存在であることとその責任を今一度確信したい。

引用・参考文献
北村友人・佐藤真久・佐藤学編著（2019）『SDGs 時代の教育―すべての人に質の高い学びの機会を』学文社
國枝裕子（2008）「教員養成における特別活動の教材に関する一考察―教職課程用テキストの歴史的記述の分析を中心に」『教育学研究年報』第 27 号，11-24 頁
経済協力開発機構編（2018）『社会的情動スキル―学びに向かう力』明石書店
高野陽太郎（2008）『「集団主義」という錯覚―日本人論の思い違いとその由来』新曜社
田中真秀・佐久間邦友・佐藤典子（2018）「特別活動の指導に関する学校現場の多忙観に関する研究―学校行事に焦点を当てて」『川崎医療福祉学会誌』Vol.27 No.2，347-357 頁
TALIS〈OECD 国際教員指導環境調査〉（2018）「2018 報告書―学び続ける教員と校長―のポイント」https://www.mext.go.jp/b_menu/toukei/data/Others/1349189.htm
檜垣公明（2010）「特別活動の指導原理」原清治・檜垣公明編（2010）『深く考え，実践する特別活動の創造―自己理解と他者理解の深まりを通して〈第二版〉』学文社，91-100 頁

索　引

184

［編集代表］

山﨑　準二（やまざき　じゅんじ）　学習院大学教授
高野　和子（たかの　かずこ）　明治大学教授

［編著者］

矢野　博之（やの　ひろし）
　　大妻女子大学家政学部教授／教職総合支援センター・（一社）学び続ける教育者のための協会
　　（REFLECT）理事・ネイチャーゲームリーダー（公益社団法人　日本ネイチャリングネイ
　　チャー協会）
　　東京大学大学院教育学研究科博士課程単位取得満期退学，お茶の水女子大学・法政大学等の非常勤
　　講師，大妻女子大学専任講師，同准教授を経て現在に至る
　　〈主要著書等〉
　　著書『部活動　その現状とこれからのあり方』（共著）学事出版
　　　　『特別活動のフロンティア』（共著）晃洋書房
　　　　『リフレクション入門』（共著）学文社
　　　　『ポジティブ&リフレクティブな子どもを育てる学級づくり』（共著）学事出版
　　　　『ポジティブ&リフレクティブな子どもを育てる授業づくり』（共著）学事出版
　　編著『新・教職入門　改訂版』（山﨑準二と共編著）学文社
　　論文「活動場所からみる中学校部活動の実情と課題」（共著）『コミュニティ人間科学部紀要』（青
　　　　山学院大学）創刊号

未来の教育を創る教職教養指針　第9巻

特 別 活 動

2021年1月30日　第1版第1刷発行

　　　　　　　　　　　　　　　　　　　　　　編著　矢野　博之

発行者　田 中 千 津 子　〒153-0064　東京都目黒区下目黒3-6-1
　　　　　　　　　　　　　電話　03（3715）1501（代）
発行所　株式　学 文 社　FAX　03（3715）2012
　　　　会社　　　　　　　http://www.gakubunsha.com

© Jyunji YAMAZAKI／Kazuko TAKANO　2021
　　　　　　　　　　　　　　　　　　　印刷　亜細亜印刷

乱丁・落丁の場合は本社でお取替えします。
定価は売上カード，カバーに表示。

ISBN 978-4-7620-2842-7